马一浮先生语录类编

马一浮 著

四川文艺出版社

　　马一浮（1883-1967），名浮，字一浮，号湛翁，晚号蠲叟、蠲戏老人。抗战期间，在四川乐山创办"复性书院"。主要著作有《泰和会语》《宜山会语》《复性书院讲录》《尔雅台答问》等。

王培德追随先生多年，有闻必录，历年所记共有八百余则，今加刘锡嘏所记，大别为十篇。

目　录

六艺篇

——凡属六艺论，以六艺判教及分论群经要义者归之

　　《六艺论》当以六艺统摄古今一切学术。今世所谓文学属于《诗》，政事、社会、经济属于《书》，人事、法制属之《礼》，音乐、艺术属之《乐》，本体论、宇宙论属之《易》（哲学当然在内。但哲学译自泰西，意云爱智，爱智即是执见，执见即是法执，应在破除之列，故其为名不妥）。若夫《春秋》之义，以今人语言释之，则所谓有正确之宇宙观，乃有正确之人生观，知宇宙自然之法则，乃知人事当然之法则也。此六艺之统摄今世之学术也。经、史、子、集之分始见于《隋书·经籍志》，前此但有甲、乙、丙、丁之分部而已。《太史公自序》附于《春秋》，史部本为经之支流，后世史书多不足以语此，唯《纲目》为有此义。章实斋所

云"六经皆史"，实颠倒见耳。是故史部可附于《春秋》。老子观变甚深，出于《易》。孟子长于《诗》，而其说性善、言仁义，实本于《易》。其所为书，语不及《易》，善《易》者不言《易》耳。邵尧夫言"孟子得《易》之体，老子得《易》之用"，深为得之。墨子出于《礼》，名家、法家亦出于《礼》而失之者。荀子本通六艺，而言性恶则是其失。其言礼，主法后王，故开法家，其后学出一李斯，便乱天下。庄子文辞华美，出于《诗》，其义汪洋自恣而无端崖，实出于《乐》。乐主和同，为说太过则有此失。是故子部可附于群经。至于各家文集，皆可附于《诗》。此六艺之统摄四部也。班氏《艺文志》以诸子为出于王官，实则应谓出于六艺。子部既各有所属矣，此六艺之统摄九流也。《易》可以统《礼》《乐》，《春秋》可以统《诗》《书》，此六艺之互相统摄也。一切学术莫之能外，此所谓"范围天地之化而不过，曲成万物而不遗"者也。

然此仅轮廓而已，是当有以实之，乃不徒托空言。自来说经各家得失互见，言《礼》当宗康成，传《易》应推伊川，朱子《诗传》不尽可据而大义不误，《尚书》应用《蔡传》，《春秋》应推《胡传》，杜预不及也。六艺之传各有流失，自先儒未尝以为讳，是当依佛氏判教之法一一别之。班氏《艺文志》叙录各家，亦皆明其短长。近人廖季平所为书，颇有判教意味。初分今古，以为《周礼》古文，《王制》今文，故不尽符合。比如郑氏说礼，有违异处，则以属之殷制，或以汉制说《周官》，廖氏伎俩亦无以异。继而讲小大，举经中言小大处，如"大同""小康"之类，一一排而比之，其意以为小者不必是恶也。最后讲天人，以为《诗经》所言，全是天事，以"聊乐我云"为"聊乐我魂"，其言乃荒诞不可究诘。廖氏虽经文熟，天资高，而不知义理，不读佛书，向壁虚造，臆说武断，流而为康有为，误人不浅。吾书如可下笔，自当矜慎出之，"君子于其言，无所苟而已矣"。孟子叙列圣之传，当仁不让，直接尼父。而伊川之为《明道行状》，亦以上继孔孟。子张云："执德不弘，信道不笃，焉能为有？焉能为亡？"士固不可以不弘毅也。往者吾当注《大学》，依义学之法释之，与先儒规模不同，而条理明晰，易于领悟。既而毁弃之，嫌其有类于佛家面目，疑若蹈袭窠臼也。

"经"字就字义言，是线装书，佛经谓之修多罗sutra，亦以贝叶为书，以线贯之，略如中土之竹简韦编。就义理言，则是常道，所谓"人伦日用之间所当行"者也。如实而言，须知六经非是圣人撰造出来，而是人人自性所具之理，如非固有，圣人岂能取而与之？执言语、泥文字者每以典册为经，不知宇宙间本来有这些道理，盈天地间莫非经也。寒暑书夜，阴晴朝暮，乃至一人之身，语默呼吸，作息行止，何莫非《易》，不必限于六十四卦、三百八十四爻也。政事之得失，国家之治乱，人物之贤否，何莫非《书》，不必限于今古文若干篇也。一切吟咏语言，虽有精粗美恶浅深之不同，何莫非《诗》，不必限于三百篇也。即如孺子"沧浪之歌"，信口而出，圣人闻之，则声入心通，发为"清斯濯缨，浊斯濯足"之义，岂非诗教？顾沧浪之歌又何尝在三百篇之内耶？拘泥文字、寻行数墨者流何尝知六经之外别有一部没字真经耶？但此文为一般人言之，自不必惊怖其说，以为茫无端涯。此是了义教，不可为初学说法。遽为说此，便束书不观矣。

"博我以文"是六艺之文，"约我以礼"是六艺之道。

六艺可以互相统摄。邵康节以四时配《诗》《书》《礼》《春秋》，谓四时有春之春，春之夏，春之秋，春之冬，其余三季准此。

实则《诗》亦有《诗》之《易》，《诗》之《诗》，《诗》之《书》，《诗》之《礼》，《诗》之《乐》，《诗》之《春秋》，其余各经准此可知。

吾说六艺，颇采义学家方法。佛法有折、摄二门，二门原是一门。虽推论远及西方，未尝有外之之意。

六艺统诸子，理固如是，但流派既分，亦不必泯其差别相。必谓诸子之名可以不立，似亦少过。

今人受科学影响太深，习于分析，于六艺内容一无所知，而轻视渐甚，故于六艺统摄一切学术之说必不肯信。

今人讲国学者，以经学、史学、诸子学并列，而不知其皆统于六艺。吾以六艺统诸子，非欲径废诸子学之名也。

将来作《六艺论》，辞当简约，不必引书，全自胸襟流出，已足取材。

论经术、经学之别云：汉人言经术，通经可以为政，国有大疑大难，每以经义断之；唐人专事注释，便成经学；宋人以义理明经，见处远过汉人，乃经术正宗。书院讲习，亦此志也。

先生讲剩语一则，指陈六艺流失云：不觉即是愚，不如实即是诬，贵安排即是烦，骋言说即是奢，执人我即是贼，惑名言即是乱。

问："西来学术亦统于六艺"，请易"统"为"类"何如？答云：类是别相，统是总相，总不离别，别不离总，总别亦是一相，非有胜劣之意在乎其间。必若以此为病，则是安于一曲而昧乎大方，是以求通而反碍也。

先生尝欲作《六艺论》，又拟作《四学考》。自云：须将有关之书重翻一遍，此时殊有所不暇耳。《六艺论》有两种作法：一为长编，须引征广博；一为短篇，则但作扼要之论可矣。

《诗》首二南，《书》首二典，《易》首坤、乾，《礼》称"天高地下，万物散殊，而礼制行矣；流而不息，合同而化，而乐兴焉"，《孝经》称"先王有至德要道以顺天下"，而后分论天子、诸侯以及庶人之孝，皆是先从本源上提起一个大头脑来。《会语》取义亦同，故名相之事置之其次。至于非议之来，如蚍蜉之撼大树，吾但据理而谈，理本如是，宁恤人言耶？

问《五行大义》，先生云：其书尚好，多有根据，唯所谓"大义"，终嫌义小。术数家言固所应尔，欲明五行，当读《洪范》，唯《洪范》殊不易读。《蔡传》根据朱子，释"皇建其有极"甚精。

说《洪范》君、臣之义，因云：君臣皆可从一人身上讲，不待远求。君即是体，臣用；君即是理，臣即是气。臣而作福作威，则性命于气，岂不危哉。道家守丹田，《素问》亦以君臣分论脏腑，有所谓"膻中"者，好恶之所从出也，其体当俗所谓心口处。养生家解《老子》，以国为身，以上国为童身，虽非《老子》本旨，其于气可谓守之精矣，然终不知有理在。至于后世，史乘绵绵，虽未尝一日无君，然无其德而居其位，虽虚有君名，君位犹之虚悬也。

凡事取一种方式行之者，其方式便是礼，做得恰好，便是乐。如作诗，格律是礼，诗中理致便是乐。写字，识得笔法是礼，气韵便是乐。

仁主理，义主事，理为阳，事为阴，仁是体，义是用，刚柔是体用中之相。

先生以所为《孔子闲居篇》注释示学者云：当修五起，行三无，乃至于五至，孟子养气之说原本此篇。五起每以气志连说，须是志于道，乃能帅气，气塞于天地，乃能气志如神。康成注太粗，全说向外去，不知圣人之言全是说向里来也。

《大戴礼·盛德篇》论《周官》大义甚精，而自来言《周官》者征引多不及此，不知何故。

《大戴礼》论羽毛鳞介各得阴阳之气以生，与《华严》所论相合。

《儒行》之言太繁，圣人说来决不如此，《礼运》亦可疑。但伪书亦有精要语，须自己体究既久，自能分别观之耳。

　　问：乡三物"六德"有圣，圣何以与五者并列，仅为一德？答云：合而言之，则一"仁"字已足；开而为二，则曰仁、知，或曰仁、义；开而为三，则曰知、仁、勇；开而为四，则曰仁、义、礼、知；为五，则更加信字；为六，加圣则为六德。此处"圣"字非大而化之之谓也。四教配四德，以《诗》配仁，以《书》配知，以《乐》配圣，"圣"字从耳，闻声而通，以《礼》配义。孔子六艺之教，身通者七十二人，非指礼、乐、射、御、书、数，而指六经。以六艺配六德，则《易》可配中，《春秋》可以配和，中者大本，和者达道。《易》为体，《春秋》为用，本可以相通也，余颇疑"三物"之说系汉博士所为，其可疑不在六德，而在六行。"尧舜之道，孝悌而已矣"，《孝经》所言天子之孝，意义广大，睦、姻、任、恤均可包括在内，而任、恤之说尤近墨家言。颜习斋、李恕谷近于墨，故于乡三物反复致意焉。

《系辞》云"《易》无思也，无为也"，如有思为，便是与《易》不相应。程子云"天地无心而成化，圣人有心而无为"，正是《系辞传》注脚。立民问有心之义，答云：圣人与人同，故不能无心，视、听、言、动皆心也。圣人只是不假安排，自然合理，理行乎气之中。又云：有一毫私吝心，便与天地不相似。又云：习气亦不易知。

《本义》立名，即以《易》本为卜筮之书，然《大传》明言"《易》有圣人之道四（焉）"，谓因卜筮示诫则可，谓《易》道尽在卜筮则不可，故读《易》当从伊川人。《折中》《程传》系《本义》之下，非也。

学者说孔子于《易》独得之秘。批云：圣人之道，人人可得，何秘之有？此语施于诗文评则可，以之说经亦嫌不庄。

"复小而辨于物"，"小"谓几微。

"升"卦"顺德"，犹言顺理也。

熟玩"家人""睽"二卦，可以尽处家之道。

观象与观物有精粗之别。六十四卦皆象也，"百姓日用而不知"，于细民何贵焉？读《易》自当观象玩辞，反躬以求体《易》之道，方切。

学者说"观"卦。批云：以十二消息言之，则"观"为八月之卦，是阴长。然"象传"则取"大观在上，顺而巽，中正以观天下"，九五为观主，为民所观，则以群阴为民，其象甚明，不取阴长之义。六四"观国之光，利用宾于王"，美其以巽体居正，安有进而逞暴之象？以六三之"观我生"为观四，则九五之"观我生"为观上邪？此说穿凿，不合经旨。

六子各得"乾""坤"之一体，故欲体"乾""坤"，必用六子。五事正出性命之一源，故"欲顺性命，必敬五事"二语最吃紧。"咸""恒"向来说男女，不知男女只是假象，以说言行，理实符合。《宜山会语》说四勿、五事，或略思，或言貌，或言行动，其间互相该摄，剖析尚自分明。

"吉人辞寡"，非是故为简重，语皆应理，自然简要。

学者未至于见性，终是个"未济"卦。

"杂卦""杂"字，是"杂物撰德"之"杂"，非杂乱无序之谓。卦爻虽极其变，莫不有序，即此是礼，亦即行布；万变不离其宗，乾坤阴阳，统摄一切，即此是乐，亦即圆融。故《易》为《礼》之原也。

圣人本领直是大。"'乾'刚'坤'柔，'比'乐'师'忧，'临''观'之义，或予或求"，看他只下一个字，而尽一卦之理，夫岂他人所能及。

吾讲观象，刊落枝叶，直抉根源。如《论语》统摄六艺，《孝经》总该性德，《礼记》二篇，《诗》《礼》要义不外乎是，皆是提出一个大头脑，直接本源之谈。惜听者等闲视之耳。

说观象举例云："比"乐"师"忧。䷇"比"以阳居君位，天下所归往，"先王以建万国，亲诸侯"，"得志，泽加于民"之象，故乐，䷆"师"以阳居阴位，贤人穷而在下，"君子以容民畜众"，人亦归之，然"不得志，修身见于世"，故有忧在，所谓"吉凶与民同患"也。关氏《易传》虽云伪书，然其说"履而不处，周公是也；需而不进，孔子是也"二语甚精，固不得以其伪书而少之。彭逊之尝言：人身便是一个"泰"卦，耳、目、鼻孔皆为偶，口及下窍二皆为奇，倒转则为"否"卦，故曰"否之匪人"。此亦先儒所未说，彼自有所悟。依吾说三画卦，则头为奇，手足为偶，便是一个"艮"卦，故人须是用"艮"。艮，止也。一阳止二阴，当止而止。虽亦有阻义，固非险阻之比。

宇宙便是一部《易》，人之一生亦是一部《易》。

伏羲画卦时，当已有文字。八卦合以消息，是为十言之教。既有卦矣，卦必有名，如无文字，名从何立。

《易》每以言、行对举，《论语》说视、听、言、动，《洪范》说视、听、言、貌、思。见于事者谓之行，现于身者谓之貌，发于心者谓之动，而思为之本。"心不在焉，视而不见，听而不闻"，视听所以为学，"心之官则思"。"道也者，不可须臾离"，唯就视、听、言、动上说来，乃见其不可离耳。"克己复礼"之"礼"，即是天理之"理"，道理之"理"，未至于此，私欲犹自未尽犹，未免于不仁也。昔人有夜半见明星而悟者，如佛是也；有闻雷而悟者，如赵清献、陆象山是也。吾人夜夜见星而不悟，是视犹有未明也；每每闻雷而不悟，是听犹有未聪也。果能自加修省之功，体之身心，验之梦寐，人一己百，人十己千，则浊者可清，昏者可明，所谓"虽愚必明，虽柔必强"者是也。其或当时不即见效，只要究心一番，事后寻思，自然记起。如摇笔为文时，旧日所读书自然奔赴腕底也。但患长日昏沈杂乱，则纵使读书，亦只有浊者益浊，昏者益昏耳。

释"洁静精微"云：洁静即是止，精微即是观。洁者，不染污义，"甘受和，白受采，忠信之人可以学礼"也。静者，不躁动义，不昏沈掉举散乱因而至于乖谬也。精者，不夹杂义，犹米之精凿也。微者，深密义，不求人知而已独知之。《诗》美成王曰"夙夜基命宥密"，《礼》所谓"无声之乐"也。

《系辞》注以韩康伯为佳，吾当更注之。

伊川《易传》不可不备，患难中尤当常读之。《性理精义》亦应备一部。

问李翊灼《周易大义》，先生云：无所发明。分今古文已不必，以天地宇宙乾坤分割而配合之亦不是。《易》言天道而不外人事。渠虽亦言人生标准，不知《易》乃变动不居，不可以标准刻定之。与其说人生标准，终不如"人道"二字为妥也。

说《周易》观象大旨云：诸子各有观法。老氏言

"常有欲以观其徼""常无欲以观其妙"，《庄子·逍遥游》，游即是观，谢无量先生尝言之，《列子·仲尼篇》可证（案：此指壶丘子论游观一段。圆括号内字为记录者所加。下同）。陆游字务观，亦本于此。佛家有华严三观、弥勒九观、四念处。儒家则观象之法，《系辞》为备，"天尊地卑，乾坤定矣；卑高以陈，贵贱位矣"。《乐记》亦云"天高地下，万物散殊，而礼制行矣；流而不息，合同而化，而乐兴焉"，与《系辞》恰相合。"万物散殊"，分殊也，故礼主别异；"合同而化"，理一也，故乐主合同。即同见异，即异见同，故《易》者，礼乐之原也。唯观慧之生，须先修止。观者不必以目，六根门头皆可放光，但不修止者，不足以语于此。

寂而后能感。心体本寂，故感无不通。寻常散乱心所感，全成窒碍，非复心之本体。

物之象即心之象，象只是自心之影。

《三傳》以《公羊》为最精核，《穀梁》亦尚谨严，《左氏》则详于事迹而疏于义理。但何休说《公羊》亦有错处，如言孔子有黜周王鲁之意是也。又谓孔子有意弃周之文，反殷之质，亦稍过当。孔子所言"拜乎下，礼也"及"礼，与其奢也宁俭"云云，均有以质补救文胜之意，冀其不偏耳。是以颜渊问为邦，答以四代礼乐，又云"齐一变，至于鲁，鲁一变，至于道"，与三世之说相当。据乱之世用霸，而齐为五霸之首；升平之世用王，鲁存周之礼乐，可以表王；太平之世用帝，则变而至于道矣。《礼运》所谓"大道之行也"云云，谓用帝时也。

论学者治《春秋》云：仍是求之于例，不见大义，义是活泼泼的，例则死板板的。孔子作《春秋》，何尝有例？以例求之，治史之法也。微言未尝绝，不会则绝，七十子犹或难之；大义未尝乖，识小斯乖，后人自不识耳。

《春秋胡传》得圣人之用心者十之六七，亦有求之稍过者，或乃有为而言。朱子尝疑其近于严刻。如康节以《春秋》为圣人之刑书，此语亦似失之。治《春秋》可撮举事类，分别列表而究其义，不可但以例求。盖有文同而义异者，非例所能推也，此最难明。从前治此经者，多只言例，往往失之。诚能精心深入，固大有事在。

问治三礼。答云："三礼"亦是门面语。学者每为名物度数所困，汩没一生而不知大义。试思《论语》所说"学诗""学礼"，宁指"三礼"邪？吾说《仲尼燕居》虽简，而礼之大义在是，善学者当自得之。

圣人嘉善称其终，而恶恶严于始，故始用火攻，《春秋》贬之。今夷狄人寇，始用机械化部队，自是圣人之所痛恶。

华夷之辨，不应以国土人种为别。

《论语》首章"说"与"乐"是《乐》教，"不知不愠"是《易》教。君子是成德之名，不必在位（素位而行，夷狄患难莫非其位，不必定指爵位）。"不见知"即"不见是"也，"不愠"即"无闷"也。第二章"不好犯上而好作乱"云云是《春秋》教。依此说去，《论语》章章皆六艺之教，可发前贤所未发。姑为笔札，将来作《六艺论》可作底稿。

释聪明睿知云：象山有言："汝眼本来自明，汝耳本来自聪，见父自知孝，见兄自知弟。"常人聪明多是误用，目欲色，耳欲声，溺于物故也。孟子云："形色，天性也。"《洪范》说视、听、言、貌、思，《论语》说视、听、言、动，佛氏言六根，唯圣人乃能践形，能得其理。聪则"声入心通"，明则"目击道存"。睿知说心，心之官主思，"思曰睿，容作圣"，此当佛氏所谓般若智。到得圣人地位，则聪明睿知，六根门头无不放光动地，全是大用也。

《论语》每以古今对举，而思古薄今。孔子云

"信而好古"，由今视昔，其人与骨均已朽，其事已往，是故信古者须是信其理。如以事言，则"天王狩于河阳""赵盾弑其君"，固均非事实也。古亦有可疑者，如孟子之不信《武成》，直以义理断之，乃能断得分明。

《论语》"夷狄之有君"一章是《春秋》教，当是为吴季札而发。美其让国，犹泰伯三以天下让，可谓至德也。

《论语集注》须与何晏《集解》比较读之，乃知朱注之精。《集解》全是玄学，令人无从捉摸。例如"志于道，据于德"一章，《集解》但云"道不可体，故志之而已；德有形，故可据"，实本《道德经》"道失而后德"之旨。朱子则云"道则人伦日用之间所当行者"，下语如千钧之重，字字不可移。"德"字先作"行道而有得"，后乃改作"得其道于心而不失之谓"，均是的当亲切，绝不蹈于玄虚。

"论"字从仑省，便有龢乐之义。传者，传也。"传记"之名，不如"宗经论""释经论"为佳。

《论语》之言简，《孟子》便详。濂溪之言约，二程便广，《朱子语类》更加博矣。所以然者，为后人说法，不得不俯而就之，陈寿《诸葛武侯传论》言之详矣。

"兴于诗，立于礼，成于乐"，诗不必指三百篇，礼不必指三千三百，乐不必指五声十二律，但贵好学深思，心知其意耳。

程子言："孔子尽是明快人，颜子尽岂弟，孟子尽雄辩。"颜、孟气象容易了解，独孔子之明快，吾尝疑之，意圣人言多含蓄，不当以为明快也。继而思之，孔子直是明快，以其语语澈上澈下，无所盖藏，故曰："吾无隐乎尔。"

问：《论语》出七十子后学所记，而于孔子弟子过失皆不讳言，何不隐恶？答云：示教岂可为隐？为贤者讳，别是一义。

问：程子说《论语》成于有子、曾子之门人，故其书独二子以子称，近见西人苏慧廉所译《论语》，绪论中举子华使齐、冉子退朝两章。答云：子亦通称，不必定出门人。《论语》自是七十子后学所记，其间或出游、夏之手者亦有之。但以领会全书为要，苏慧廉辈琐琐考据，何足道哉！

凡经传之言，只是一理，自不相违。孟子不必定根据《大学》，其言自然符合，不得有异耳。

孟子曰："人之有德慧术知者，恒存乎疢疾。"故忧患为进德之助。然且勿为出位之思，尽其在己所得为而已。

孟子说"尽心知性"，当《大学》"格物致知"。

举皇侃《论语义疏》"叶公问孔子于子路"章示学者云：此章引江熙说云："叶公惟知执政之贵，不知天下复有胜远，故夫子欲子路抗明素业，无嫌于时，得以清波濯彼秽心也。"似此文字大佳，玄言亦何可废。吾之为人讲说，亦是此意。举世滔滔，积非成是，吾亦是冀以"清波濯彼秽心"耳。又云：马融言"君子儒学道，小人儒矜名"，此汉儒之说，亦不可废。

问"游于艺"，云："艺"字本义是种植，《诗》所谓"我艺黍稷"者是，此与英文culture一字颇相当。乡三物以礼居六艺之首。《荀子·礼论》篇云："礼者，养也。""养"字之义正与培养黍稷之意为近。教育亦艺也，要亦贵能培养。但乡三物所谓礼、乐，仍就事上说，非其养也。居今日而言六艺，射御既皆不习，乐又早亡，其事虽缺，贵在能通其义。能通其义，则言即是乐，行即是礼，真须臾不可去身者也。

孔子言："去兵，去食，无信不立。"去食之义，盖今人所不解。兵之为物，老子云："圣人不得已而用之。"《易》云："圣人以除戎器，戒不虞。"王者之师，有征无战，故兵宜备而不用。汲汲用兵，霸者以下事耳。今西洋各国竞事工商以求富，因而不得不求资源，不得不争市场，复为保护工商利益计，不得不养兵。然而工商业虽有所得，转耗于兵，故国家愈富，适以愈成其贫。

"老安，少怀，朋友信之"，较之"己欲立而立人，己欲达而达人"更进一步，无所谓己矣。肇公云："圣人无己，靡所不己，会万物为自己。"既曰浑然一体矣，而又有物现前，便自不是。《大学》讲絜矩之道，而以上下、左右、前后言，用字妥当。譬如一人之身，尽可有上下、左右、前后之分，而仍不害其为一体也。黄道周《孝经集傅》言圣人之视草木鸟兽犹身体发肤，故杀一兽、断一树，不以其时，以为非孝。此与西人所谓征服自然意味大不相同。西人自倍根说"知识即权能"一语先已错起，沿流而下，遂有征服自然之论。

孔子之言直截了当，老子则好转弯，如云"知常容，容乃公，公乃王，王乃天，天乃道"之类是也。孔子说"为政以德"，若出老子之口，则云"以德为政"矣。

孔子是明快人，诚精故明，神应故妙。快即是神，"不疾而速，不行而至"之谓也。观其答鄙夫之问，何等明快！

孟子所说"民为贵"之义，与后世之民治主义不能牵合比附。"天生民而作之君，作之师"，君之与民，本属一体，非判而为二、彼此对待者也。

《孝经》总摄，《论语》散见。

孟子引孔子之言曰："道二，仁与不仁而已矣。"直指人心，最为亲切。仁与不仁之别，实即迷悟之别。务外求名，皆是心术之害，皆不仁也。

孟子直指本心，谓"人能充无欲害人之心，而仁不可胜用也；人能充无穿窬之心，而义不可胜用也"。稍知自爱，断无起此心者，然事有近于此者，不可不辨。

《论语》较《孟子》为简，孟子之时，固自有其不得已处。张子韶《孟子传》便多信笔自写己意处。

　　孔子所说之事皆是理，所说之用皆是体；老子反是，其言理也，皆是事，其言体也，皆是用，此孔老之别也。孔子言"为政以德""修己以敬""出门如见大宾，使民如承大祭"，所言皆是事，而无一非说理，皆是用，而无一非说体。"四时行，百物生"，是从用上说，而"天何言哉"，则泯然无迹，其言平实。老子处处讲用，其语多险，流弊遂多，后世阴谋家盖由是启之。老子唯首章最好，以下则不能尽纯。如众人如何，我独如何云云，似有自喜之心，疑与首章语言不伦，想不免六国时人为之搀乱。老子是否应关尹之请即为著书，亦一疑问。先秦古书皆难读，唯《论语》《孟子》为可靠。《礼记》出七十子后学之手，《中庸》《大学》最好，《乐记》《曲礼》亦好，《礼运》大同、小康之说便近似道家言，《王制》似出汉博士所为，《儒行》亦不类孔子之言。是故经未尝不可疑，疑经始于孟子，而要当以义理断之，赵岐称孟子长于《诗经》《书经》，孟子去孔子未远，而于《武成》只取二三策，断之曰："以至仁伐至不仁，而何其血之流杵也。"是纯从义理上辨别得来。讲考据，则不必可靠矣。但从义理上断制，须是自己义理纯熟，方能辨得分明耳。

问：人性既善，恶从何来？答云：气质之性有善有不善，不善之来，起于熏习。又《乐记》云："好恶无节于内，知诱于外，不能反躬，天理灭矣。"恶之细微者，只是无节，发而不中，过与不及皆恶也。此在佛家即是无明，由于一念不觉，故有昏失。

读《遗书》《语类》，观其语言时有抑扬，前后有时不同。须知此是对治，病不同，药亦不同，本无此病，何必此药？《论语》所记，"与回言终日"，除问仁与为邦外，皆不得闻。想来颜子高明，夫子与语者非是对治，自外则皆对治语也。即如仲弓问仁，而告之以敬，曰："出门如见大宾，使民如承大祭。"乍看似不相干，实则仲弓天才高，而于"敬"字功夫或有未足，近于桑伯子之俭，故告之以敬，而仁在其中矣。又如一贯之旨，尝以语子贡，又尝以语曾子，旨义虽同，而所以告之与其所以应之者，均不相同。子贡聪明，故开口虽错，立即自疑其非。然闻一贯之说，竟无下文，可见承当不下。曾子则时机既熟，一呼便唯，啐啄同时，千载一遇，令人欣喜庆快。释氏云："夜静水寒鱼不食，满船空载月明归。"可惜子贡竟未上钩耳。有问于佛者，先告以定法，次日又告以不定法。问：如何昨日是定法，今日是不定法？答云：昨日是定法，今日是不定法，皆对治之谓也。顾虽云对治，闻者亦均有益。佛家说闻击涂毒鼓者，远近皆死，但有迟早耳。

《太极图说》及《通书》直接《易经》，《西铭》直接《孝经》，《二程遗书》直接《论语》。《外书》则时有精语，但多没头脑处。《朱子语类》收罗广博，不及《二程遗书》之精。治朱子学者，于《四书集注》求之足矣。

说："尽性至命，必本于孝弟；穷神知化，由通于礼乐。"因云：绍兴陶氏为大姓，族长某先生尝见告，族中子弟良莠不齐，平日恶之而无可如何，岁时致祭，少长咸集，嗳然忾然之余，顿忘恶之之心云云。其言甚好。致斋致思之后，自己精神与祖考精神感通，便觉合族如一，忘其有身。实则祖考精神即是自家精神，故曰"祭如在"也。祭义难明在此，此非口舌上事。今人言及孝弟，自以为无甚亏欠，语以"尽性至命"，则承当不下；言及礼乐，自以为可以了解，语以"穷神知化"，则又视为玄妙。不知性命神化不离乎孝弟礼乐，"百姓日用而不知"者此也。今人又好言生命而不及性命，好言文化而不及神化，语其粗不及其精，而不知精者即在粗者之中，所差只此一点，明乎此，则动容周旋莫非天理之流行矣。《易》云："穷神知化，行之盛也。"《乐记》言："礼乐皆得，谓之有德。"其义密合。"悴然现于面，盎于背，施于四体，四体不言而喻"，君子之神化也；"天地位，万物育"，圣人之神化也；"四时行，百物生"，天地之神化也。"其为物不贰"，一故神也；"观其生物不测"，二故化也。性命之理，人之所受于天，圣人未尝多，凡夫未尝少也。

礼属阴，乐属阳，言属阳，行属阴。言即是乐，行即是礼。"言行，君子之所以动天地"，"出其言善，则千里之外应之"，阴阳感通，理固如是。圣人教人，遇高材悬解之士，固可相喻于无言，否则亦须语言感通。其或言行不足以感人，自是犹有过咎在。即如天气寒暖无常，而人受感冒，可知气本相应，若不尔者，不至感染也。

阴阳一气，仁义一事，动静一理，寂感同时。言，乐也，属阳。行，礼也，属阴。

德有礼、相、用则可，以体、相、用为三德则不可。九卦相望说为体、用，亦可，但不可立"体德""相德""用德"之目。

问：《大学纂疏》十七页有云，若说各格其物，各致其知，则似不成言语。窃疑事物之理，天下之公，故物上不容着"其"字。若"知"字上着"其"字，似无碍否？答云：知即知此理。知亦是天下之公，人所同具也。

中土固有学术，将来难免如印度大乘教之落没。然印度经典之亡，中土能传译之，中国学术一旦沦亡，西人无译本，中国人又不能自为之，是诚可忧者也。

文化即是礼乐，礼乐本于孝弟，孝弟本于爱敬。礼即是行，乐即是言，故礼乐即是言行。

行之顺理者谓之礼，言之足以感人者谓之乐。存诸中者尽是孝弟之心，斯见于言行者，莫非礼乐之事。

天地间有感必有应。凡有动皆为感，感则必有应，所应复为感，感复有应。如是而不已之感应道理便是化。

"言行（者），君子之所以动天地也"，这个"动"字，就是化的道理。

四学篇

——凡论中国理学、玄学、义学和禅学者归之

先生言，将来拟作《四学考》。因言：历来讲学术源流者，多是作哲学史，注论各家思想而不及其见处。《易》曰："天下同归而殊涂，一致而百虑。"须是明其归致，然后辨其涂虑。涂虑不辨，则失之笼侗；归致不明，则忘其本源。《汉书·艺文志》叙各家短长颇详，亦不必尽当。如论道家，以为"人君南面之术"，便不是。孔子言："雍也，可使南面。"仲弓便知居敬行简之道。是以人君南面，非赖有术。又杂家、小说、纵横之流，亦不足数。余尝于民国初年为《诸子汇归序》一文，但论儒、墨、道、法，将来亦只须以判教方法分别论之。但此乃名家事，于自己分上颇少干涉，不过亦是穷理之一事耳。道家出于《易》，《易》长于语

变，老子深知之。法家出于《礼》，故荀卿言《礼》，一传而为李斯、韩非。道家之失，如庄子文字恣肆，其弊也奢；法家之失，其弊也俭。实则一为礼之失，一为乐之失。乐之失为奢，为流。奢病较小，流病便大。

《四学考》玄学当以王辅嗣为祖，义学以肇公为祖，禅学以大鉴为祖，理学以濂溪为祖。其后支派繁衍，得失互见，当各为立传，加以判断。

中土圣哲名言简要，不欲说得太尽。然学者只治理学，便易涉于笼统，故须兼治玄学、义学、禅学。但老庄之书，亦殊不易读。义学分析入微，极有条理，隋唐间无人能抵得过。韩柳一辈人，但能作文章而已，不能语微。然只是分析精密，又落名言，故禅宗出而扫荡一切，举而空之。濂、洛、关、闽诸大师亦是生得其时，适承禅学之后，因将理学发挥而光大之。

玄学弊在蹈虚，义学救之，剖析入微，而完全落于语言文字。禅学出而空之，扫荡一切，而卤莽承当者误认人欲为天理，弊病更大。淤是理学出，一切都是实理，诚识禅学之病也。唯禅学之为人铲除己见，干干净净，儒家视之，终觉有逊色耳。

儒学虽一切均说实理，而不能体究，便又是只记得语言文字。《宋元学案》载林艾轩答人问忠恕七绝一首云："南人偏识荔枝奇，滋味难言只自知。刚被北人来藉问，香甜两字且酬伊。"可见言语不到处，贵能自己领悟。

问儒书概要，答云：读经，注疏不可废。此外则《诗集传》、严粲《诗缉》、《韩诗外传》及《御纂七经》中《诗说》、胡培翚《仪礼正义》、孙诒让《周礼正义》、卫湜《礼记集说》、朱子《仪礼经传通解》、江慎修《礼书纲目》、《尚书蔡传》、《东莱书说》、《易略例》、韩康伯《系辞注》、朱子《易学启蒙》、伊川《易传》、《春秋》四传（《公》《谷》《胡传》长于义，《左氏》详于事。《胡传》多讲攘夷，明朝列入学官，用于科举，入清废之。不知《三传》亦说攘夷。至于康有为一派说孔子托古改制，则不可信）；四书用《集注》，《孝经》用黄道周《集传》；又《近思录》《二程遗书》《张子全书》《朱子大全》《语类》，象山、阳明之书，皆不可不读。

玄、义、禅、理四学之起，皆与时代有关。大抵世太恶浊，便使人有出尘之想。

《通书》："定之以中正仁义而主静，立人极也。"朱子亦未说明，但云"说中可以概智，说正可以概礼"而已。吾今乃知之，中正但指卦爻二五，而后实有着落。"六爻之动，三极之道也"，动是变易，静是不易，皆是绝待。立天之道是气，立地之道是质，立人之道是理。"太素者未见气也"云云，亦是分论气质形象，此甚分明。

气质之性，当以刚柔善恶之言，当孟子之所谓"才"。若耳目口体之性，乃横渠所谓"攻取气之欲"，亦即告子所谓"生之谓性""食色性也"之类。孟子亦姑顺时人之说以言之，故曰"君子不谓性也"。耳目口体之性与气质之性，本不可同日而语，横渠立此名（案：指"气质之性"）不是指耳目口体之性，与孟子意自别。但耳目口体之性亦是气之所为，此名亦可该摄耳。

朱子《诗集传》释《皇矣》"无然畔援，无然歆羡，诞先登于岸"全用佛说。畔即背觉，援即合尘也。

张子韶《孟子传》语多玩弄光景，以用为性。使朱子见之，必与痛驳。总之，读书太不细心，下笔又多率尔故也。说经不可有一毫胜心在，慈湖亦有信笔写去之病。

格物之"物"，温公所说，单讲亦是好话，说《大学》便差。即如阳明天泉证道答问，"为善去恶是格物"，亦是好话，讲《大学》便非。要建立宗旨，便是败缺处。《朱子晚年定论》之作，亦是未审对机之义，不免犹有个我在也。孟子"舍我其谁"，说来犹有个"我"在。孔子"天生德于予"，则无我矣。此语乍看可异，实则人人皆是"天生德于予"，无足惊异。但从孔子口中说出便是，在王莽口中说出便非耳。

朱子文词虽和缓，然其剖析义理，下笔斩截，自有一字不可移处，不可但取气势。象山气势之盛，凌厉无前，然江西之学，于变化气质上不甚注意，亦是一病。船山气较粗，亦是气质之病。是以为学之道先重涵养。

问程、朱、陆、王异同。答云：象山学本自悟，不假师承，直指人心，重在察识，其资秉近于上蔡。上蔡初见明道，说史事背诵如流，明道责之云："贤却记得许多，可谓玩物丧志。"上蔡为之汗流浃背。又语之云："即此便是恻隐之心。"不云羞恶而曰恻隐者，以恻隐之心失，则麻木无所觉也。上蔡从此悟入，故遂以觉言仁。孟子之说四端，明道之讲识仁，阳明之说良知，皆是重在察识。朱子初宗延平，延平教以观喜怒哀乐未发以前气象。延平出于罗豫章，豫章出于杨龟山，龟山之学近于伊川，重在涵养。所谓"涵养须用敬，进学在致知"，未有致知而不在敬者也。朱子当时未甚得力，及见南轩，其学一变。南轩出于胡五峰，五峰出于文定，而文定出于上蔡。南轩于上蔡为三传，所重亦在察识。朱子因之，既而又返于侧重涵养一路。故论湖南之学有云："发强刚毅之意多，宽裕涵泳之意少，遇事不免失之粗豪。"于延平有"孤负此翁"之语。晚年教人，唯拈"涵养须用敬"二语。实则涵养不密，察识便不能精。虽亦有时绰见天理，而流弊所至，或不免卤莽承当，阳明末流便有此矣。

刘蕺山立"独体"之名，以独为体，不知发用时体亦未尝离。其言远不如朱子《中庸章句》所言"独者，人所不知而己所独知之地也。言幽暗之中，微细之事，迹虽未形而几则已动，人虽不知而己独知之，则是天下之事无有著见明显而过于此者"，可谓字字精切。

阳明天泉四句教付嘱龙溪，自谓建立宗旨。其事不可为法，其语亦不免渗漏。

评《龙溪论学书》云："无可忘而忘，不待存而存"，语亦有病，彼固隐然有个珠在。（《龙溪论学书》云："驱龙护珠，终有珠在。""无可忘而忘，故不待存而存。"）"弗忘弗助"，"成性存存"，与龙溪之言异矣。"坐忘"之说，本庄子发之，多却一"忘"字，正见其不忘，以其有得相也。就本体说，固常存；就功夫说，却要存着"不待"字不得。在学者分上，只是"操之则存，舍之则亡"，龙溪之言不可用。

阴阳之说甚古，道家讲阴阳，儒家亦讲阴阳。老子说"万物负阴而抱阳，冲气以为和"，司马谈说道家"因阴阳之大顺"。《易》言"一阴一阳之谓道"，庄子说"易以道阴阳"。神仙家起于方士，秦皇、汉武志求长生，徐市、文成之徒应风而起。淮南好客，招来八公。《鸿烈》之书，亦间有神仙家言。然淮南应属道家，不能作神仙家看。神仙家称首之书，当推魏伯阳之《参同契》，其中谈《易》，谈阴阳，不及道家一字。至《抱朴子》始合神仙与道家、阴阳为一编，然其书以神仙黄白之术为内篇，以道家为外篇。汉后道家流为道教，如张道陵之流，但托始黄、老以资号召，实与道家无干。至寇谦之而道教又有革新一派，如马丁·路德之于天主教矣。

老、庄皆有得于《易》。

老子判自然、道、天为三，故为佛家所贬驳。吾儒则天即是理、性、命、道、教，初无二致。此乃一真法界，唯《华严》圆教与之冥符，亦无执性废修之失。

庄子言："世与道交相丧。"道者，人所共由，世则因人而异，千差万殊。各人习染不除，气质不变，即是世丧，更值道丧，则无可为力矣。

老氏之自私，其相深细。法家酷烈，又不止于用智而已。明道此言（案：指《定性书》："人之情各有所蔽，故不能适道，大率患于自私而用智。"）未遽说到道、法二家之失，只说不能适道之因，因此蔽耳。

邵尧夫云："孟子得《易》之体，老子得《易》之用。"其言允当。老子盖长于语变，观变甚深者也。其所说有无，可当于般若宗之空有，但说来犹不如《中论》"八不"、《华严》"六相"剖析之详耳。

老子言有险易，义有纯驳，不免后人搀乱。

程子所说"减法"，即老子"为道日损"之论。其言"损之又损，以至于无"，持论甚好。

老氏语（指"我无为而民自化"云云）虽好，总有着意在，不得谓之率性。

庄子亦是有激而言，终有外物而自全意在，但其计较高人一等耳。至乡原之乱德，不独儒者恶绝之，老氏亦恶绝之。

禅师动辄呵斥，语多难解，解人既少，谤议遂多。乍见之，颇疑其何故如此，实则人心陷溺之甚，非此不足以启而振之。有如象山所云，阴霾郁积之久，非霹雳一声不能拨云雾见青天也。

在教家说，则有了义，有不了义。万理俱空是不了义，故见辟。了义则法法皆真，万理俱实。在禅家说，则真实犹不许说，以本来真实，说来便是头上安头，故只可寄之于默也。

知是神通妙用，则运水搬柴，亦可行所无事，否则读书亦只滋劳攘。

说船子和尚接沩山一段故事云："既得传人，便覆舟而逝，亦复何妨。"

行者唾佛，总不是。法师如有手眼，便当还唾其面。

六祖告众曰："吾有一物，无头无尾，无名无字，无背无面，诸人还识否？"神会和尚出云："是诸佛之本原，神会之佛性。"祖呵之云："向汝道无名无字，汝便唤作本原、佛性？"以其仍作义解，未离名言也。渠如言下了悟，便当问："既是名无无字，何以唤作一物，试请拈出来看何如？"如是，则六祖便下堂归方丈去矣。

看《灯录》当知着眼处，如猕猴唤六窗之喻，重在后半□仰山一问，前半则极其浅近也。

禅师家有云："骑贼马，追贼队。""藉婆衫子拜婆年。"接人之道，皆是因问有答，因材施教。

雪峰禅三句：一曰涵盖乾坤句，谓浑然一理，无分方所也。二曰截断众流句，如抽刀断水，特见力量也（如习性之别，义利之分，辨之至明，剖之入微）。三曰随波逐浪句，谓俯顺来机，从缘施设也。佛氏有三德三身之说，以《中庸》三句配之：性是法身，道是报身，教是应化身。性即法身德，道即般若德，教即解脱德。禅家三玄三要亦即是此三句。"天命之谓性"是涵盖乾坤句，"率性之谓道"是截断众流句，"修道之谓教"是随波逐浪句。谈义说理都是教，知性乃是闻道，闻道乃能说教。就性道言，则性为体，道为用；就道教言，则道为体，教为用。以道为用，则教是用中之用；以道为体，则性是体中之体，所谓一句中具三句，三句仍是一句也。"天何言哉"是真谛，"四时行，百物生"是俗谛，真俗双融，理行气中，即真而俗，即俗而真，是中道第一义谛。"吾有知乎哉"是真谛（圣人无知，故无所不知，如其有知，必滞一隅），"叩其两端而竭焉"是俗谛（竭两端便是一贯之道），无知而无不知是中道第一谛。《大学》"明明德"是自觉，"新民"是觉他，"止至善"是觉满，亦即是此三谛。自觉是真，觉他是俗，觉满是第一义也。"惟深也，故能通天下之志"是般若德，"惟几也，故能成天下之务"是解脱德，"惟神也，故不疾而速，不行而至"是法身德。"诚精故明"是法身德，"神应故妙"是般若德，"几微故幽"是解脱德，亦是此三句。三德亦可说为三大：法身是体大，般若是相大，解脱是用大。总之，此理是活鲅鲅的，见性则横说竖说，无往而不是；不见性则纵有道着处，亦是亿则屡中，不离情识知解也。

耳闻目见，皆可悟道。前人有闻雷而悟者，有听檐前水滴声而悟者，有闻木犀香而会者。"吾无隐乎尔"者，虽非孔子本意，而会得自好。

问圭峰之书。答云：先看《圆觉大疏》，再看《普贤行愿品疏钞》。二书亦是义学要典，为人人必读之书。圭峰得力在此。今似宜先看《起信论贤首疏》，明究其义，方可徐及二书。

问《朱子语类》卷十四有云，禅家但以虚灵不昧者为性，而无具众理以下之事。答云：不昧即具众理。禅家有不了当者，只是说不昧，未到真不昧耳。

论《五灯会元》云：此书不可不看。宾主四料检，虽儒书亦可如此会。例如孔子语颜、曾便是主勘主，语子贡便是主勘宾，唯宾勘宾处殊不多见耳。

《起信论》"不生不灭，与生灭和合，非一非异，名为阿赖耶识"，张子"心统性情"之说，及《通书》

"无极之真，二五之精，妙合而凝"，三者可同会。

"安忍"是佛氏言，译语省略，具言当曰"安乐忍可"。忍者，谓一切境界皆能顺受也。今与不忍对言，义不相属。如《左传》言"阻兵而安忍"，反"相忍以为政"，便不是好字。大凡属文，下一名言，须求精当，使义相了然方可。如"安忍"字，别用不妨，今与"不忍"字连用，则疑于为不忍之反矣。

见闻不用，意识不行，然非同于木石也。此迦叶入灭意根境界，非可袭而取也。

先生以水喻性，以波喻情。因举杭州净慈寺壁间一偈云："欲识永明旨，门前一湖水。日照光明生，风来波浪起。"继云：前人有"全水是波，全波是水"之说，亦可仿说全性是情，全情是性。发而中节，则全情是性；颠倒错乱，则全性是情。

诸子篇

——凡论中国诸子及西方哲学者归之

《参同契》用坎、离，虽只是道家养生之术，只是气边事，然有明效。《华严》用艮、震，艮即是止，震即是观。李长者深知此义，故云："文殊是少男，普贤是长子。"善用《易》者引归自己，则全阴是阳，凶化为吉，不善用者反是。孔子云："天下有道，丘不与易也。"《易》即是易，一身亦即天下。全气是理，《易》亦可以不作矣。

击壤老人不识帝力，想是巢父、许由一流人物，逃尧之事，不见古书，庄子传之，亦是衰世之言。孔子称逸民事多不传。作者七人，当是击壤、荷筱、长沮、桀溺、楚狂等人，皆有道家思想者。杜威所说道家思想与农业之关系未必尽是，老子书中未尝言及农事，许行为农家者流，其志在"与民并耕而食，饔飧而治"，亦与道家有别。

顾亭林以"行己有耻"对"博学于文"，可知其未闻道。"博学于文"之下，只说得"约之以礼"。"耻"之义小，以其专就事上说也。又"天下兴亡，匹夫有责"，三百年来传为名言。实则亭林所言"天下"仍是国家，就国家言有兴亡，就性分上言无兴亡，所谓"不为尧存，不为桀亡"也。

古之外道，无不读书，神仙家若葛洪、陶弘景，皆极博雅。今不独儒书束阁，即好外道者亦只是单传口决，不解读书，故无往而不自安下劣，真可慨也。

《世说》多隽语，《证录》所载禅师家言隽永简远往往过之，然在禅师家并无故作隽语取悦于人之意，妙在自然耳。今人于古人修辞立诚之旨全未识得，独喜称逻辑，以为治哲学者所必由。不知逻辑本身便是一种执，律以破相之旨，便在当破之列。如禅师家言，非情识所到者，岂可辄以逻辑妄加格量？不是之思，而断断不已，但以增学者之执着而益其迷妄耳。

汉儒非不言义理，宋儒非不言训诂，今文家、古文家末流并专锢而好攻伐，故言经学必不可存今古、汉宋之门户。

"缘督以为经"，郭注训"顺中以为常"，此义颇长。今以督为主宰义，则近于列子"力命"之说，非庄子意也。

赖振声谈北大哲学系教授某君译黑格尔哲学，以之与朱子相比较，译Absolute为太极，Infinite为无极，如何？先生云，分际不能相当。因言：名言隔碍，异国为甚。即如佛学之在中国，译史甚长。例如"真如"一词，移译不可谓不佳，而"阿赖耶识""涅槃"等名词则不能不用音译，"禅"亦音译，鸠摩罗什译作"思惟修"，历四百年，玄奘始用《大学》字样，译作"静虑"。盖名言诠表，终不易恰如其分，世界玄名便难统一。西人所译《易》，微论内容简单，单说《易》之一字，所涵变易、简易、不易三义，便绝非Change一字所能尽。庄子云："得言忘象，得意忘言。""言"是能诠，"象"与"意"是所诠，冥会意象，则言诠可忘。《系辞》言："爻也者，效此者也；象也者，像此者也。"说到最后，也只能说个"此"字。因举案上熊先生所著《佛家名相通释》第十页后半所论冥亲之说、现量之义云：此段分疏甚好。譬如眼察五色、舌辨五味，当其合下有觉，忘眼与舌，是名现量，觉得有个眼与舌在，必已有病。投足举步，亦复如是。方其健步，则行所无事，觉得有个足在，便是病生。此喻心缘义理，犹须推度思索，拟义寻求，便是尚有隔碍，否则心与理一，冥然独会，便觉圣哲之言恰如吾意。孟子所谓"由仁义行，非行仁义"，此之谓也。

问儒家言"己所不欲，勿施于人"，耶教则云"己之所欲，施之于人"。答云：中土圣人之言浑然一体，人己无间。彼教之说，人己对待，故虽兼爱博施，只是"煦煦为仁，孑孑为义"，徒见其小而已。于此须认得分明，自然无惑。

问西洋哲学宇宙论、人生论之分。答云：象山有言："宇宙内事乃吾性分内事。"天即人，人即天，言有先后，不能同时出口。程子云："说个以人合天，犹觉剩了个'合'字。"天人本一故也。

客有谈西洋思想者，先生云：思想，名词不妥。依五蕴说来，"想"以取相为义，犹是虚妄。今异说纷纭，各不相同，皆是虚妄，而非真知。真知无有不同，人人同具，无有增减，无有彼此多少。今但贪求知识，则有多有少，前日以为是者，今日更睹一说言之成理，便以为非，可见终不可靠。

探究西方学术，须得其人，又有余暇从容将事。今译述芜杂，不堪入目。是当有人究心本国文化，沈浸六艺，文词足以自达，然后着手移译专集，兼及史傅。润色之事，吾虽老，得其人尚可与共为之。但缘不具，亦不可强求耳。

实理与今言思想不同。《大学》首言"明德"，是人性本具之实理，尽人皆同；思想则是安排撰造出来的，故因人而异。条理亦是自然的，组织则是人为的，此时人习用语，以之说经则不类。

科学若不应理，则不成其为科学。彼发明家亦精思以得之，但是一偏一曲之知耳。科学本身安有过咎，制器尚象，若以利民，亦冬官之守也。今用以杀人，则成大恶，恶在用之不当耳。

岁甲辰，当西历一千九百零四年，余初至日本。时尼采书新到，风行一时，中国尚无知之者。其后王静庵东渡，始以介绍于国人，译名亦彼所定。实则尼采虽才气横溢，不可一世，情绪乃近狂人，卒成心疾，殆如中国徐文长一流人耳。

夏灵峰先生震武，文学昌黎，气势盛，后人罕能及之。持丧之严，宋儒以后殊不多见。有田八十亩，弟子来自四方，贫不能自给者，每赡给之。晚年困甚。此在儒家，可谓独行。早起坐床上背《孟子》，朗诵之以为常云。

问顾亭林，先生因而论及船山、梨洲云：三人者，顾为上，王次之，黄又次之。文辞亦当推亭林较为修饬，船山著书太多，梨洲亦失之粗。品格均高，然终似有霸气，未及于醇儒也。

诸葛武侯教后主读《商君书》，谓能益人神智，或是对症下药。《商君书》只有昏人神智耳，安在其能益人？益人神智者，佛书足以当之矣。武侯疏于经术，治蜀多用法家，特其君臣之际，诚恳悱恻，差有懦者气象。文中子遽许以复兴礼乐，言之太过，唯如周公者乃能复兴礼乐耳。

康有为言论多陋，文字甚至有欠通处。《大同书》盖有本于谭嗣同之《仁学》，皆怪诞之论也。

清初人如顾亭林、黄梨洲、王船山所志尚大，其后考据家失之小，而讲微言大义如《公羊》学家者又失之诞。降至今日，如顾颉刚之考据孟姜女，进而为《古史辨》，则既小且诞，兼而有之矣。

孙夏峰《理学宗传》强分正统、闰统，欲以天下之公归之一二人之私，未可为训。

宗教中人，在彼邦可云首出庶物。中土圣人甚多，故孔子"祖述尧舜，宪章文武"。佛说小乘亦本婆罗门教义，回教吾所不详，耶稣崛起一隅，创为教义，遂以风行遐迩。但不免过中，是"行仁义"，非"由仁义行"，又似"煦煦为仁，孑孑为义"，未能无象，是为可惜。

西人不知有性，故无"性"字。翻译欲求相当，大非易事。将来须是西人能读中国书，方知此理。佛经翻译之妙，以魏晋间人深于玄义，故用字能得恰合。即如"真如"之名，的当不移，不妄名"真"，不异为"如"，是真极翻译之能事者已。

老氏善观变，盖深于《易》者。至后来流为阴谋，非老氏原旨。答曹子起书，有"老子只具一只眼"之说，学者因问"何以老子只具一只眼"，先生默然不答。

神仙家辟谷炼丹，只是想把自己这个肉团身锻炼，使它长生不死。在儒家看来，此正是妄想。道教修炼可以延年益寿，但不能尽性穷理。

史学篇

——凡论中国史学及中西掌故者归之

教人以史，终觉无益。习之既久，其所以自为计、为人计者，几于无往而非利害计较之私，斯则心术之害也已。

迦莱尔文字典重，所为《法国革命史》，读之颇有《汉书》意味。

浙大史学系学生问应读何书，答云：治史当先治经，从治经入，眼光自较高远。《尚书》暂不易读，可先看《春秋》，读《公羊》。《左氏》长于事，《公羊》则长于义也。《春秋繁露》亦当读，而文字颇深，又有错简。清人治史学者有二顾，而祖禹不及亭林之大。可读《日知录》，看亭林读史留心处，自己是否亦曾注意及之。

有客来谈，历史只是战争，将来如无战争，人类恐亦将归于澌灭。答云：自有载籍以来不过五千年，此在无始无终期间，所占时期本属甚暂。本此经验以断定人类之将来，恐不必然。经验即自习气中来也。

新史学多害义理，往往以今人侵伐掠夺之心理拟之圣贤。举世风靡，义理只可不谈，恐圣哲血脉从此遂绝。

史传之作，不必如西人之细大不捐，动成巨帙。但期扼要，亦可为览者示涂径而省目力。《史记》列传胜于《汉书》，班书诸志亦非《史记》所及。其中以《食货》为上，《刑法》次之，《礼》《乐》又次之，皆网罗一代，言简意赅，读者自能了若指掌。史部向病繁芜，马迁立传已嫌其多。然四史文字俱佳，《晋书》亦好，《南齐书》可作小品文读。卒读廿四史者，吾尚未遇其人。

学者读《通鉴》，先生云：《通鉴》非读不可，但宜以时浏览，不作正课，书固有要于此者。六经之外，子则《老》《庄》，《荀子》意味便不及《孟子》（《墨子》吾向不喜）。佛书则《楞严》《圆觉》《起信》《维摩》《肇论》《中论》。皆不厌百读之书，是应反复玩味者也。

《宋史·道学传》，暇时当一翻阅，观昔贤治事如何精勤。如黄勉斋当金人入寇时，智修安庆城，指挥若定，旬月而毕。至今八百年，屹然在望，谓非精神之所寄而能如是耶！世每讥儒者不能治事，不知文人或如此，为义理之学者绝无不能治事之理。理事不二，初不必学。大抵昔贤用处，皆其得力处，是当着眼者也。

今世自名为史学者，每以乱世夷狄之俗妄测古事，淆乱是非，不唯厚诬古人，亦深为心术之害。如以周公佐武王伐殷，拟于侵略，谓周人待殷人至惨酷，周人为统治者，殷人则为被征服者，如此瞽说，不如不读古书之为愈。

史不限于一国，作史者应本《春秋》广鲁于天下之义。是非不谬于圣人，方足以备后来之损益，此岂今人所及哉！

《汉志》于九家称其所长，亦及其所短，最为平允。今欲尽简诸书得失，题目太大，下语难精。不如且专治经注，理会得一事是一事，较有实际。

太史公以颜渊早丧、盗跖老寿为不可知，实则一则正命，一则非正命而遭命耳。《列子·力命篇》所论，亦遭命而非正命也。

"名教"二字出于乐广。广为玄言家。所谓名，乃指名理玄言。后人不察，以为礼教，沿袭之误久矣。

晚近学术影响之大，莫如章实斋"六经皆史"之论。章太炎、胡适之皆其支流。然而太炎之后，一变而为疑古学派，此则太炎所不及料者也。

论《史记》云：五帝三王纪及各国世家皆非佳作，而汉初人物世家、列传皆好。马迁近质，每传一人，短长互见，使人展卷如对其人。

先生以《朱子年谱》辨浙学一节示学者，因谈：史学亦不可废，但不可如后人之毛举细数，如开账簿。后世人多事繁，人人为之作传，实觉不胜记载，故传记体在所当废，编年须简，略法《春秋》经文，纪事本末则本传文法度，如朱子《通鉴纲目》。纲法经，目法传，则善矣。古者左史记事，右史记言，取其善可为法，恶可垂诚。太史公尚知此意，自叙《史记》，附于《春秋》。八书未能完成，半出后人所补。班史各志如《礼乐》《食货》《沟洫》诸篇，皆有精彩，是应全读。班氏经术虽不深，然其论礼乐，犹粗知其意，非后之史家所能及也。《晋书》题唐玄宗御撰，实则当时大臣依据成本加以编纂。前此为晋书者凡三十家之多，书成于唐，文字多出晋人，故饶文采。《南齐书》多记玄言名理，兼及佛法，亦可喜。《新唐书》论赞不尽佳，大抵出于欧阳公之手者为胜，二宋所为则有逊色矣。郑渔仲为《通志》二十略综古今，具见史识，唯传记一略可省，其余金石、文字、虫鱼之类，亦有博物之意。今日西人所为专门史书，如经济史、哲学史之流，颇与郑之一略相当。总之，作史贵简，尤贵不陋。

自阮芸台刻《学海堂经解》，而治经学者思想为之锢蔽；自魏默深编《经世文编》，而言政治者尽蹈富强窠臼。张南皮督学四川，刻《书目答问》《辑轩语》，当时学者家有其密。吾二十岁前亦尝奉为圭臬，久而无所得，乃知其所举入门各书，多于学者无益。《皇清经解》不足资以通经，《经义考》亦只是目录之学，书贾能为之。而讲论义理如《通志堂经解》者，反为所黜。又如《四库提要》，张氏以为治群书之门径，吾尝卒读之，而知其立说之偏。当时戴东原多任编撰之事，对宋儒每加指责，程朱虽功令所尊，亦有微词。又如《宋学渊源记》，张氏以为治宋学之门径，而不知江藩之于义理固无所解也。

论友人某先生云：可与论史，难与说经；可与料事，难与入理。以其观变之深，利害计较太熟故也。又云：吾前与一书，亦是对治。学者于史事太疏，却不得以此为说。

史家多以诸子为出于王官，如是则官各有守，孔子之删诗书，定礼乐，岂非侵权？其教人岂非越俎？今既祖述孔子，则诸子自以出于六艺为是。

论史学流失云：老子之失深，左氏之失浅，东莱之失粗。如今人开口便言"生存竞争"，其失不止于陋，直是谬矣。

谈尊经，云：何键提议读经，三中全会付之束阁。实则纵使行之学校，亦只视为史料，如所谓"追念过去光荣"云云，与经义固了不相干，微论一般人，章太炎之尊经，即以经为史，而其原本实出于章实斋"六经皆史"之论，真可谓流毒天下，误尽苍生。此其人未尝知有身心性命之理，故有此说。实则《春秋》如以史书观之，真所谓"断烂朝报"者矣。《尚书蔡传》序文称为"史外传心"之典，可谓卓识。

尊经之说，微论何键，即如章太炎非不尊经，而原本章实斋"六经皆史"之论，实乃尊史。《春秋》不可作史读，作史读则真"断烂朝报"矣。《尚书》虽亦当时诏令，而《蔡传》序文所谓"史外传心"者，最是中肯之语。是故经可云术，其义广；不可云学，其义小。《论语》言"学而时习""学而不思"云云，"学"字之上，皆不容别贯一字。今人每言"汉学""宋学""经学""史学"，以及冠以地名人名，标举学派，皆未为当。即如"佛学"之名亦不如"佛法"为妥。读经须知非是向外求知识，乃能有益。

章太炎提倡读经，而以经为史，意味完全不同。余游绍兴，谒禹陵，见太炎所为碑文，称禹学于西王母之国，当今之叙利亚，得其勾股之术，归而治水。不知其何所本，纵有依据，未必可靠。然以此称禹，异哉！

诗学篇

——凡论中国诗学、诗教及学诗法则者归之

学人札记：读古诗，不觉夜分，觉胸中书味酿郁，足以自适。批云：此境甚佳。韩退之所谓"沈浸酡郁，含英咀华"者近之。读古人诗多，有会于心，自常常如此，惜其未能久耳。

山谷诗"心猿方睡起，一笑六窗静"，注引中邑洪思禅师答仰山问如何是佛性义公案。先生云：此段公案着眼在中邑与仰山相见处。盖中邑当时见仰山尚少，故以接初机之语告之。及仰山云："适蒙譬喻，无不明了，只如内狝猴睡着，外狝猴欲与相见时如何？"中邑便下禅床把住云："住，住！我与汝相见了也。"此方见二俱作家。故云居锡云："当时若不得仰山这一句，何处有中邑。"大凡举公案，须举全，方见此则公案当于何处着眼。至于山谷随手摭用，乃诗家常事，不可为典要也。

说陶公《连雨独饮》诗云：此诗只从《肇论》"道远乎哉？触事而真；圣远乎哉？体之即神"两句解之便足。盖陶公自得饮中三昧，故能及此。凡说诗、说禅，皆贵自证，不重义解。有神悟，自然活泼泼地，专以意识解会，终不免黏滞也。

作诗以说理为最难，禅门偈颂，说理非不深妙，然不可以为诗。诗中理境最高者，古则渊明、灵运，唐则摩诘、少陵，俱以气韵胜。陶似朴而实华，谢似雕而弥素，后莫能及。王如羚羊挂角，杜则狮子嚬呻；然王是佛氏家风，杜有儒者气象。山谷、荆公才非不大，终是五伯之节制，不敌王者之师也。尧夫深于元、白，元、白只是俗汉，尧夫则是道人，然在诗中，亦为别派，非正宗也。吾于此颇知利病，偶然涉笔，理境为多。自知去古人尚远，但不失轨则耳。聊举一端，神而明之，存乎其人。

诗，第一要胸襟大，第二要魄力厚，第三要格律细，第四要神韵高，四者备，乃足名诗。古来诗人具此者亦不多，盖诗之外大有事在。无一字无来历，亦非蓄养厚，自然流出，不能到此境界，非可强为也。世俗人能凑一二浅薄语，便自命诗人，此实恶道。故吾平生未敢轻言诗，偶一为之，人多嫌其晦涩，不能喻，只是未知来处耳。欲求一能为笺注者，亦非于此用力深而读书多者不能得其旨，故不言也。然以诗教言之，诗固是人人性中本具之物，特缘感而发，随其所感之深浅而为之粗妙，虽里巷讴吟出于天机，亦尽有得风雅之遗意者，又何人不可学耶？笔下不必有诗，胸中不可无诗。诗只是道性情，性情得其正，自然是好诗。至格律藻采，则非学（多读书，能运用，能拣择。此"学"字是第二义）不可耳。因贤发是否可以学诗之问，不觉叨叨呫呫至此，言之亦不可尽，向后自悟。

《虞书》曰："诗言志，歌永言，声依永，律和声。"诗与乐岂能分邪？夫心之发必有言，有言必有声，故曰"言为心声"。声以成文，律以和声，有声有律，斯之谓乐。乐者乐也，使人有所兴起，以达和平欢愉之极，皆出于自然也，是以入人深而其效神。如今之歌曲，辞既鄙倍，音则淫靡而粗粝，以此感人，岂能兴起于善邪？

诽世贬俗之言须有含蓄，出词蕴藉，方有诗教遗意。

大凡律诗忌着闲语闲字，须字字精炼而出。读书多，蓄意自深厚，不可强也。

作诗须意有余于词，不可但将字面凑合，此事煞有工夫。约而言之，在多读书耳。

凡咏物寄托之辞，题目虽小，寓意要深，方不为苟作。

感时伤乱，须实有悱恻之思，不能自已。言之有物，方可成诗。五言宜先熟于《选》体，虽短篇，具有法度。未能悟入，勿轻下笔。

"磨砻去圭角，浸润着光晶"，细之谓也。少陵云"老去渐于诗律细"，故虽时有率语、拙语，亦不害其为细，最好体味。唯细，乃可入唐贤三昧也。

作诗不必定工，但必须祛除习俗熟烂语。

伊川称退之此语（案：指"臣罪当诛兮，天王圣明"）者，谓其得怨而不怒之旨耳，其实退之此词好处在善怨。"时日曷丧，予及汝皆亡"则怨而近于怒矣，"人而无礼，胡不遄死"乃纯是怒。

"舜往于田，号泣于旻天"，"自怨自艾"，此是何心？《凯风》之诗曰："母氏圣善，我无令人。"有七子之母而不安于室，尚得谓之圣善乎？然如此却是好诗。会得此，方了得温柔敦厚之旨。

诗是声教之大用（"此方真教体，清静在音闻"，一切言语音声总为声教），以语言三昧，显同体大悲。圣人说诗教时，一切法界皆入于诗，自然是实智。来问误以诗为多闻之学，只据"多识于鸟兽草木之名"一语断之，乃与上所引一串语无涉矣（记录者按：来问先引"诵诗三百"，"人而不为《周南》《召南》"云云，又引"诗之失愚"）。当知从初发心至究竟位，皆是诗（此圆教义，儒家教义唯圆无偏也），不得但以加行方便为说。"失之愚"者，愚相粗细煞有差别，略以爱见大悲（犹有众生相而起大悲者）及所知愚当之。一品无明未断，皆于诗非究竟也（此语曾涉意教乘者并不难会），有意要排纂，即非佳诗。诗亦煞费工夫，到纯熟时自然合辙，勉强安排不得。

诗贵神悟，要取精用宏，自然随手拈来都成妙谛，搜索枯肠，苦吟无益。语拙不妨，却不可俚。先求妥帖，煞费工夫，切忌杜撰不属，善悟者不须多改。近体法亦已略示，舍多读书外，别无他道也。

和韵，唐人至元、白始有之，及东坡、山谷、荆公，始好再叠、三叠不已。斗险争奇，多则终涉勉强，此可偶一为之，不贵多也。拙作亦是偶然兴到，所以写示诸子者，聊为助发之资耳。及取而复视，仍不自惬，又经改定数字，乃可入唐。今别写一本去，若同学中有好此者，可共观之。少陵云"新诗改罢自长吟""得失寸心知"，非深历甘苦，不易到古人境界。贤辈见和者俱有思致，可喜，所欠者工夫耳。读破万卷，不患诗之不工，谓"诗有别裁不关学"者，妄也。但此是"游于艺"之事，不工亦无害。若为之，则须就古人绳墨，方不为苟作。天机自发，亦不容己，但勿专耗心力于此可耳。

良马见鞭影而行，一粒金丹便脱胎换骨，岂在多邪？贤辈于此事尚未悟人。且须蓄养深厚，不愁不得，多作无益，老僧为汝得彻困也。

有字然后有句，有句然后有篇，此亦具名句文三身。一字疵类，绝不可放过，方见精纯。

诗亦人人性分中所有，唯须学而后成。"不学博依，不能安诗"，"博依"即比兴之旨。诗贵神解，亦非自悟不可。五言先从《选》体入（"选体"之称实未当，以汉魏直至齐梁，其体格亦数变矣。但习用久，姑仍之），以治经之余力为之，亦涵养性情之一助也（乐亡，则乐之意唯寓于诗，故知诗然后可与言乐）。

《乐府解题》："竹枝本出巴渝，刘禹锡在湘沅，以俚歌鄙陋，乃依楚声作竹枝新词，教里中儿童歌之。禹锡谓巴儿联歌，吹短笛、击鼓以赴节，歌者扬袂睢舞，其音协黄钟之羽，末如吴声，含思宛转，有淇濮之艳。"今观其辞，如："白帝城头春草生，白盐山下蜀江清。南人上来歌一曲，北人莫上动乡情。""山桃红花满上头，蜀江春水拍山流。花红易衰似郎意，水流无限似侬愁。"则近似吴歌子夜之类，盖郑卫之音也。贞元、元和间最盛行，亦唐诗之衰音。偶以遣怀，未为不可，然其音节亦不易谐。

作诗先求脱俗，要胸襟，要学力，多读书自知之。

江湖诗人摇笔即来，一字不可看，俗病最难医也。宁可一生不作诗，不可一语近俗。俗病祛尽，方可言诗，佛氏所谓"但尽凡情，别无圣解"也。

咏史诗须有寄托，意在陈古刺今，方见诗人之志。古人于此等题皆不苟作，非徒叙事而已，此不可与述祖德诗并论。

排律要篇法谨严，字句精练，最不易作。

诗不可苟作，旧日文士积习，言下无物，无所取义也。

严沧浪以"香象渡河""羚羊挂角"二语说诗，深得唐人三昧。"香象渡河"，步步踏实，所谓"彻法源底"也；"羚羊挂角"，无迹可寻，所谓"于法自在"也。作诗到此境界，方是到家。故以"香象渡河"喻其实，谓其言之有物也；又以"羚羊挂角"喻其虚，谓其活泼无碍也。

卫武公，大贤也，《抑》之诗末后数章，其言痛切。《小序》以为刺厉王，朱子诠释作自儆之辞，意味尤深。

古来词人利弊，此难具言。以诗为比，太白如苏、李，后主如子建，温、韦如晋宋间诗，北宋诸家如初唐，清真如少陵（律最细，词最润），梦窗如义山。以是推之。

诗律亦要自悟。词本乐府之极变，深于唐诗者，不患不能词，然其流近靡。唯太白为祖（以其不靡），李后主是词中之子建，《花间》《草堂》虽风华绝代，实亡国之音。两宋名家，何烦具举，苏、辛颇有风骨，不善学则近祖。莫如先学诗，为能识其源也。

须多读古诗，选择一两家专集熟读，字字求其懂，乃可触类悟人，知古人作诗有法度，一字不轻下。扬子云曰："读赋千篇，自然能赋。"此甘苦之言也。然读而不解，与不读同。诗即能工，而胸襟不大，亦不足贵。忧贫叹老，名家亦所不免，非性情之正也；贫而乐，乃可与言诗。且先读陶诗，毋学其放，学其言近而指远，不为境界所转而能转物，方为近道。明道作康节墓志云："先生之于学，可谓安且成矣。"陶诗佳处在一"安"字，于此会得，再议学诗。

学诗宜先读陶诗及《唐贤三昧集》（《古诗源》亦可看）。不独气格不可入俗，亦当领其超旷之趣，始为有益。袁简斋俗学，无足观也。

此事趣舍，亦唯其人，自古名家，各从所好。大抵境则为史，智必诣玄，史以陈风俗，玄则极情性。原乎《庄》《骚》，极于李杜，建安史骨，陶谢玄宗，杜则史而未玄，李则玄而不圣。挈八代之长，尽三唐之变，咸不出此，兼之者上也。自有义学、禅学，而玄风弥畅，文采虽没，而理却幽深，主文谲谏，比兴之道益广，固诗之旨也。唐宋诸贤犹未能尽其致，后有作者，必将有取于斯。若夫摆脱凡近，直凑单微，随举陈言，皆成新意，累句芜音，自然廓落。但取自适而无近名，舍俗游玄，绝求胜之心，则必有合矣。流变所极，未知其终。如今曰"背景"，犹之史也；亦曰"灵感"，犹之玄也。特言之尚粗，未臻于妙，而遽忘其朔，遂谓古不足法，斯则失之愚耳。

五言必宗晋宋，律体当取盛唐，下此未足为法。大抵选字须极精醇，立篇不务驰骋，骨欲清劲，神欲简远，然后雕绘之巧无施，刻露之情可息，自然含蓄深厚，韵味弥永矣。

律诗最忌句法平板，气格卑弱。

诗中用理语须简择。

凡咏物寄托之辞，题目虽小，寓意要深，方不为苟作。

凡和诗，须与原唱相应。

学诗，选句先求清新，习熟字须避免，格调务须讲求，句法要有变换。少陵云"老去渐于诗律细"，"细"字须着功夫始得。

近体诗虽是末事，煞要功夫，入理语更难。寻常俚浅熟滥之词，实不足为诗也。

多读古人诗，自解作活计。

绝句下用对偶，须见力量。

绝句贵神韵，太朴质，则与俚俗同病。

绝句要流转自如，语尽而意不尽，忌平铺直叙。全用排偶，则似律句中截出矣，杜五绝中多有之，未足取法。

欲写闲适之境，以太白《碧山》一首最为可法，右丞辋川诸五绝亦难到。

古诗用韵，须明古韵。先看段氏音韵，亦可依据。如"庚""青"在同部，可通押；"真""蒸""侵"三韵在异部，不可杂用。多读古诗自知。

歌行先须讲篇法，次须讲音节。第一忌芜音累气，易成冗蔓。作诗要有气格，歌行尤重。

律句宜少用虚字。

近体入理语要超妙，否则不似诗。绝句尤贵韵致，通首用字亦须相称。

绝句用拗体，便全首拗，音节人古，亦可喜。若只用一句拗，每苦音调不谐。唐人绝句皆入歌，故尤以音节为重。

山谷《快阁》诗云："落木千山天远大，澄江一道月分明。"人多赏其雄放，不知乃自道其智证之境也。凡诗中用寻常景物语，须到境智一如，方能超妙。忌纯用理语填实，便嫌黏滞。

后山学少陵，极有功夫，亦失之于瘦。其生处可学，涩处不可学。山谷才大，有时造语生硬，亦病于涩。东坡亦才大，但多率易，则近滑。从宋诗人者，易犯二病。少陵虽有率句，却不滑；虽有拙句，却不涩。义山丽而近涩，香山易而近滑。此亦不可不知。

诗中着议论，用义理，须令简质醒豁与题称。虽小篇，亦当步骤谨严。

"不学诗，无以言"，诗教亦是开权显实。若是灵利汉，举起便悟，不为分外。

熟玩盛唐，自知利病。能于四十字中不着一闲字，则近之矣。

作意先欲分明，再求深婉；遣词先欲妥帖，再求精炼：然后可议声律。切忌晦涩率易，下字不典。词虽不及诗之博大，亦殊不易工。

大凡作绝句，须宗盛唐，要气格雄浑，音节高亮，方合，选字不可不慎也。

和韵全要自然，切忌生凑。

凡律诗，第一要讲求音节，多读三唐可悟。

禅要活，诗尤要活。

古诗用仄韵，上句末字平声，至多到三联必须改用仄声字，否则便无顿挫，读之不成音节。

以幻为真，是颠倒见；以真为幻，亦是颠倒见。真幻二俱不二，乃悟一真一切真。诗中理致如此，方是上乘（原作咏阳朔山水有句云"记取真山是假山"，先生改云"莫认真山作假山"）。

做五律要诀在字字警切，而气格安舒，不可着一泛语，方为得之。

律诗人经语最难。拈一茎草作丈六金身，将丈六金身作一茎草。作诗须具神通自在，乃有无人而不自得之妙。

唐人五律中，孟浩然能以古为律，往往不觉其对偶，此专以气胜者。

孟诗高浑超迈，乃诗中之逸品。

刘静修出于《击壤》，而文采过之。

东坡尝云："作诗必此诗，定知非诗人。"诗特托物起兴，缥缈幽微之思，亦如云气变化，乃臻妙境。

先生为学者改《云海图诗》，有句云："应知天路近，不碍白云禅。"批云：洞山参龙山尊者，问"如何是主中宾"，曰"青山复白云"。禅家多以青山表体，白云表用。又："白云端禅师，杨歧下尊宿。"又批：大山出云，喻从体起用。然此不可泥，有时亦以云表障碍。

凡感时之作，须出以蕴藉。选词第一要雅，用意尤不可怒。

俗语以四时为四季，奇谬奇俚，万不可入诗。

近体入理语最难，过拙则不类诗矣。

诗以道志，须"清明在躬，志气如神"方有好诗，不可强也。

凡近体入理语，须是变化无学究气方佳。

凡作诗，不可着闲言语，亦不可着一闲字也。

诗者，志也。志能相通，则无不喻。但用事须有来历，体格气韵亦别有工夫，此则非学之深且久未易骤悟。今人不学诗，诗教之用不显。然其感人不在一时，虽千载之下，有闻而兴起者，仍是不失坏也。

后山、遗山二子，皆学杜而能得其骨者。

昨日作得一诗赠子恺（见《避寇集·赠丰子恺》），草草写去。夜来思其中字句尚有未惬，今改定别写一本附览，当以此本为正，昨所寄子恺初本便可废之。此为子恺说法，于此悟去，便得画三昧，亦是诗中上乘。歌行非理事双融、境智具足，未易下笔。此诗气格声韵均恰到好处，贤辈于诗用力未深，观此却可以资助发也。

国已不国，容身何处。明末桂王犹能支持十二年，今无瞿忠宣其人，真不堪设想也。朝野上下犹掩过饰非，自扬功烈，曾无哀痛罪己之意，此亦从来所无。虽同是门面语，并此而亦讳言，涂饰欺罔，举国以为当然，真可异也。吾心恻然不能已，作得五言长篇一首（题曰《革言》，见《避寇集》），今以附览。前寄子恺是变风，此却是变雅，可当诗史，不为苟作。"不惜歌者苦，但伤知音希"，格局谨严，辞旨温厚，虽不能感时人，后世必有兴起者，贤辈勉之。

"瘠土人夭"，"夭"字可改作"细"字。《淮南》

亦云"沙土之人细","细"字双关，字面亦较润也（"瘠土人多细"句，见《避寇集·花朝》第一首）。

后四句想入非非，言神相所不能识，龟策所不能知，时人所为微妙也。今之有国者其眩惑以求之事实，等于怪迂，故以封禅为喻（诗为《避寇集·花朝》第三首）。

昨复偶成一诗（《避寇集·题击壤集用人字韵》），诗律颇细。人韵一联，仍以陶诗对杜诗（《忆昔》第二首）。杜则反用其意，用陶下一"甘"字，将陶公一诗精神托出，颇见力量。陶《饮酒》二十首，此为最末，乃其真意所寄也。"吹剑"用《庄子·则阳篇》语。"栽花"羌无故实，然颇与杜诗"岸花飞送客，樯燕语留人"相似，而简远过之。结语乃出本题，实则读《山海经》亦偶以寄兴而已。

昨因听鸟声得二诗（《杜鹃行》《听鹧》，并见《避寇集》），此非好事之过，亦是自然流出。不特可悟唐贤三昧，亦可由比兴之旨而得取象之道耳。

《清明忆杭州》（《避寇集》上改题为《归思》）首二句"长"字改"多"字，"犹"字改"时"字。此诗亦有寄托，非仅怀乡之情。凡人未悟自性皆为客子，悟后之言则为乡音。如此会去，则此诗亦非苟作矣。但此诗不可流布，以杭州尚陷虏中，亦恐人误会也。

昨复得歌行一首（《避寇集·大麦行》），汉乐府有是题，少陵拟之，其义似未及今日之广。《诗序》："言天下之事，形四方之风，谓之雅。"此或可几变雅之遗音，初不为一国一人而作也。诗成自咏，音节天然，似尚有元气。此理终不可灭，但可为知者道耳。贤辈听吾讲说，似尚不及读吾一诗，若有入处，亦堪与古人把手共行矣。结语不暇自哀而哀他人，此《春秋》广鲁于天下之旨也。

昨得二诗（《野兴》，见《避寇集》），感于苏、日缔约之事而作。聊示诸贤，存此变雅之意。

昨夜月色甚佳，睡醒闻雷雨，于枕上得一律（题曰
《闻雷》，未收入诗集），聊以写示。世事皆作如是观。
以平淡出之，诗自圆转无碍，此乃渐近自然。看来欲拔
俗，非深于诗不可，胸中着数首诗，亦可减去俗病少
许。亦有诗而俗者，乃非诗。诗与俗觌体相反，犹阳虎
之论仁富也。

脱俗须具悟门，诗中实有三昧，古来达道者多从这
里过。然向上一路，千圣不传，直须自悟始得。吾言亦
犹谷响泉声耳。既有好乐之心，不患不能深入也。

《癞猫》第二绝（见《编年集》辛巳壬午卷）全用公
案，然非作意安排，亦是自然流出，此亦偶得之耳。

顷写示三绝句（《暑夜偶成》和《秋词》二首，均见
《编年集》辛巳壬午卷），其一洒落，其二深婉，此绝句
中正声，可开后人悟门，不为苟作。"汉将"一首喻安
危利灾者自诩智计，"秋风"一首指宣传多非事实。

夜来将《儒佛箴》（后改题《童蒙箴》，见《濠上杂

着初集》）了却，此亦自然流出，虽不必有益于今，却可俟后。终日对俗客无谓，了此亦以自解，尚不空过。贤辈他日到此田地，方觉此语亲切，亦望勿以闲言语视之。着得些闲言语，亦是学也。

昨夜和少陵二律，意犹未尽，复成一首（《八月十五夜月》，见《编年集》辛巳壬午卷），似和韵为胜，然衰飒之音，亦是自然流出，不可强也。

梅圣俞论诗："须意新语工，得前人所未道，方为善。必能状难写之景如在目前，含不尽之意见于言外，然后为至。"此语得之。拙诗多入理语，却各有面目。昨复得二律（《遣俗》《禁诗》，并见《编年集》辛巳壬午卷），安题颇有意思，二篇颈联颇警策。亦聊与诸友一览，多则可厌，亦不苟作也。

偶得《数名诗》二首（见《编年集》辛巳壬午卷），虽出以游戏，随手拈来，一俗一真，相映成趣，亦颇圆转自在，聊复写与诸友破颜一笑。此类体裁只可偶一为之，非诗家之常则也。

《独漉篇》（见《编年集》辛巳壬午卷）"高陵""深谷"句，"前""后"二字须改作"上""下"（刻本遗漏未改），增"往而不反"两句，意方显豁。少陵云："新诗改罢自长吟。"《学记》言："不学博依，不能安诗。""安"字最有意味。盖一字一语未惬，犹是功夫不到也。

《寓言》一首（见《编年集》辛巳壬午卷）颇细，但难会耳。

《善哉行》（见《编年集》辛巳壬午卷）"声闻先退"，"先"字须改"屏"字。

昨方戏作《杂拟》七绝（见《编年集》辛巳壬午卷）。老来亦谬作绮语，然却是好诗，欲以相示。其间用事稍隐，别纸疏示大意：（一）讥倭使聘美；（二）见某领袖参政会演词，自居不世之功；（三）为参政会通电补作；（四）交战国如博徒，各言最后胜利；

（五）谓战报多夸而少实；（六）罗、邱宣言不唯不能弭战，益使诸夷以利器为可恃；（七）苏、德战未决，中国亦以反侵略阵线自豪。

昨偶得二诗，亦是缘感而作。然闵乱之言，初不为一国一时，颇得诗人深旨，聊与诸贤一览。吾自信于五言最熟，此事亦吩咐不着人，自适其适而已（诗为《避寇集·花朝》第一、二首）。

欲抄存拙诗，以时日先后为序，卷端亦须着大题，以备他日删订则可。但赠答诸篇，安题须简。尺牍称呼题款，俱当省去，亦勿杂入他种文字，方成诗稿款式。其实老拙并非有意为诗，有时率尔成篇，亦不欲尽存。抄之徒费日力，亦无益于学诗。若能于一、二句下触发，会心处正不在远，如此方不虚费耳。

《伏涨》一首（见《编年集》辛巳壬午卷），真谛俗谛一时毕露，不可作寻常言语会也。杨大年薄少陵为村夫子，使见此，或当爽然。贤辈犹以诗与道为二，吾是以不多说也。

昨偶思为琴曲，于枕上得一章，题曰《思归引》（见《编年集》辛巳壬午卷）。虽嫌过质，而音节颇谐，以理语入歌，亦变调也。

谢先生《飞仙亭》原作以境语胜，拙作（指《次韵和啬庵飞仙亭诗》，见《编年集》辛巳壬午卷）则似以理语胜，但俱难得解人耳。

朝来日出，隐深雾中，其光微透，映窗牖如雪后景，颇有虚室生白之象，因得一诗（《冬日病起见晨光熹微写示山中诸友》，见《编年集》辛巳壬午卷）。聊以写示，未足存耳。

怀人之作（《岁暮有怀诸故旧》，见《编年集》辛巳壬午卷），但寓怀旧之思，亦寄沧桑之感，此亦与人交之道。诗格颇具变化。世俗浇薄，友朋间多落落如路人。吾诗不必求人喻，但存此一段意思而已。

《日食》一首（见《编年集》癸未上卷），说理颇自如。

《杂释》数首（见《编年集》癸未上卷），皆说理而不失为诗。诗与逻辑非尽相违，此乃十二面观音，随处与人相见，不妨变现不同，如此方许以诗说理。诸友忽得法眼净时，便可唾弃矣。

"意生身"本谓菩萨境界，天上人间，随意寄托，生死自由，不同众生随业受生，为业所缚，不得自在。不论善道恶道，皆属业报身也。诗（《风》第一首，见《编年集》癸未下卷）乃借用，但谓祸福无不自己求之，即业由自作之义，非用其本义也。

《蜗牛行》（后改《蜗角行》，见《编年集》癸未下卷）"不知休"三字当改作"驱貔貅"。

酬耆庵诗第一首（《得耆庵中秋日见和之作再酬二首》，见《编年集》癸未下卷）第六句"晰"改"淅"，第八句"消"改"除"。

今日寄答沈尹默一诗（《上九得尹默和诗奉谢》，见

《编年集》乙酉上卷），风格峻整，音节高亮，律诗中上乘也。又《独坐》（同上）一首，意境超妙，亦非衲僧家偈颂所能到。

前见希之与星贤书，以足开宗派见推，不唯老夫不敢，意亦不欲，以向于吕紫微江西宗派之说不满也。因此作一绝句（《希之与星贤书，以开宗派见期，衰陋不足语此，因答希之，并示诸友》，见《编年集》乙酉上卷），聊示诸友，览后可寄希之，使知之。

今日寄答钟山、希之一诗（《得钟山上九日自重庆见寄诗，约春水生相即于乐山，同日得希之贵阳人日见怀之作，喜而作此，寄答钟山并示希之》，见《编年集》乙酉上卷），中有"黑豆""黄梅"一联，自谓不减谢先生见和"巴舞""蜀才"之句。大凡友朋赠答，俱有意义，不是空言，亦可以润枯槁，但不识药者不感兴趣耳。

今日寄怀叶先生一诗（《寄怀叶左文兼为其六十寿》，见《编年集》乙酉上卷）。渠今年整六十，因以寿之。向来不作寿诗，今于叶先生破例为之，亦以念旧之情不能自已也。"万山""百代"一联，亦非叶先生不足以当之。

诗中因柳起兴者，多叙离别征戍之感，此以《小雅》"杨柳依依"为祖。若泛言景物，意味已浅。大凡遣词造意，先须审题。如此题（原作《拟道上见杨柳》，后改《拟柳枝》，见《编年集》乙酉上卷）亦以作绝句为宜，不宜作律句。渔洋《秋柳》乃咏史体裁，又当别论。远征军乃今日事实，故不曰"远行"而曰"远征"。

《寇退口号》（见《编年集》乙酉下卷）第二首"空村故里无人过"，"过"，改"问"。第四首"受降城外水连天"，"水"改"海"。

在山（莫干山）作得五言一篇，寄藻孙。此诗有议论，气格颇似少陵。吾后此亦不能多作，亦更无人能知其利病。发言莫赏，兴味无存，未可如何也。

住山（庐山）两月，绝少游陟，得诗颇不少，皆遣兴之作，率意出之，尚未孤负此山，不为空过而已。

《庐山新谣》多以新事物、新思想入古诗，尚不触目。吾不自知其进邪、退邪，聊以自遣而已。

《漫兴》两首（"层城楼阁""倦眼登高"，一九六〇年作于屏风山）颇有新意，可略见一斑。山中绝无朋友游从之乐，独谣自遣，乃厨川所谓"苦闷的象征"，烟士披里醇云乎哉。写至此，掷笔一笑。

诗以道志，大抵所感真者，其言亦真。然法不孤起，仗境方生，吾体物之工不及古人，但直抒所感，不假雕绘，尚不为苟作而已。

今日得此诗（《客思》），聊复写寄一览。理境益深，解人益少。庞道玄云："日用事无别，惟吾自偶谐。"此诗愉韵一联（暂遣幽忧邻戏谑，独持枯橘近恬愉），亦吾之偶谐三昧也，皮肤脱落尽，惟有一真实，语弥质而情弥真，然言淡而无味，但可以道情目之，非诗也。

近作近体五首（《还湖上口占》《偶成》《潦后感》《婺杭道中》《赜风》），前二洒落，中一深稳，后二超旷。虽率尔之作，颇有新意，亦近自然。

此三昧境也，会此，则一切声皆此声。然言诗则寒瘦，可发一笑（此就一九六三年所作《天寒入市就客馆取暖口占》言）。

《雪晴》一首颇似治世之音。《人日雪》则为中印边界问题而作，亦绝句中上乘。

皋亭植树，复得一诗。墟墓日近，感不绝心。然以诗言，固从天性流出。负土之志，乃是诚言，非同壮语（诗有"誓将负土补天工"句）。

偶得一律（《苏庵约游玲珑山未果》），尚洒落，今以写奉，可资助发。

衰朽不能为新体诗，今试以旧诗咏新事（《喜闻核试验成功》《送青年至农村劳动》），未知有当于古为今用之旨否？

昨寄绝句，首用"丰亨萃聚"，字未惬，应改作"销兵猛志压群雄"较为醒豁。五律昨所作者不及今作，然究竟古典气太重，虽庶几治世之音，不可以喻俗也。

昨为诸子改诗，不惬老僧意，因更成一律（《上巳日偶成用前韵》，见《避寇集》），却不是凑韵。于此可悟比兴法门，颇有羚羊挂角之意。此亦胸襟流出，拈来便用，山谷所谓"不烦绳削而自然合辙"一也。

《乐记》曰："丝声哀，哀以立廉，廉以立志。"陈氏《集说》曰："人之处心，虽当放逸之时，而忽闻哀怨之声，亦必为之恻然而收敛，是哀能立廉也。"《小雅》怨诽而不怒，圣人录之。近偶为诗，亦是恻怛动于中而自然形于言者，亦自觉其衰飒，怨而未至于怒，哀而未至于伤。杂以放旷则有之，然尚能节，似未足以损胸中之和也。

"我生之初，尚无为；我生之后，逢此百罹"，"苕之华，芸其黄矣，心之忧矣，维其伤矣"，此变风变雅之音也。乐天知命，为自证之真；悯时念乱，亦同民之患：二者并不相妨，佛氏所谓悲智双运也。但所忧者私小则不是。

予尝观古之所以为诗者，约有四端：一曰慕俦侣，二曰忧天下，三曰观无常，四曰乐自然。诗人之志，四者摄之略尽，若其感之远近，言之粗妙，则系于德焉。因草是篇，以俟后之君子推而广之（《诗人四德序》，见《编年集》甲申下）。

既曰《漫与》（见《编年集》癸未上），自非有所指目，不为一人而作，楼子和尚闻山歌而发悟，歌乃与彼无干。即沧浪孺子之歌，亦自称口而出，本无寓意，圣人闻之，便教弟子作道理会。诗无达诂，本自活鲅鲅地，不必求其事以实之，过则失之凿矣。禅语皆以"到家"喻见性，"客子"喻在迷，用惯亦不觉其赘。"越鸟背南"乃谓向外，"门前式蛙"实讥渎武。第三首系用《紫芝歌》，亦泛言天地否塞之象而已。

胸中着得几首好诗，亦可以拔除俗病。

说王壬秋题扇诗云：此人一生学《老》《庄》，故其论扇，以为见捐者恒为纨素，常见者反在蒲葵。至于文人画家之所题绘，往往藏之箧中，备而不用。总之，其意以为用者不好，好者不用而已。颇得老庄之旨，然非有道者之言也。

作诗贵有比兴之旨，言在此而意在彼，方能耐人寻味。唐诗云"夜半钟声到客船"者，无人相送，不胜寂寞之感也。"轻烟散人五侯家""帘外春寒赐锦袍"者，君恩只及贵幸也。"乐游原上望昭陵"者，虽以罪言去官，而眷眷不忘故主之恩溢于言表。昭陵，太宗之陵也。"众鸟高飞尽"，以比利禄之徒；"孤云独去间"，以自况也。"相看两不厌，惟有敬亭山"，言山色之外，不堪举目也。

问黄仲则"十有九人堪白眼"之句，先生笑云：何笨重乃尔，了无余味矣。

《选》诗非熟读不可。唐诗当取盛唐之音，晚唐多失之纤巧，清人诗不看可也。

渔洋《万首绝句选》颇好，《古诗选》次之。渔洋亦长于绝句者。绝句须流利，古诗可出以郑重。《唐诗三百首》中绝句多佳。

七言绝句平起，第二句第三字必须平声，音节乃调。单拗一句，应在第三句，否则全拗。

伯夷、叔齐扣马之谏，见《吕氏春秋》，盖即太史公所本。然《采薇》之歌体裁不类《三百篇》，反与后世《紫芝歌》有相似处，当是春秋战国间，诸侯以暴易暴，民怒沸腾，而又不敢直指当时，托古以讽之作耳。

论《白沙诗教》云：白沙自叙甚好，湛甘泉序便嫌太长。

谈旧作《寄答洪巢林》（见《蠋戏斋诗前集》下）云：

"今月犹古月"言性，"晴云杂雨云"则说习气也。

宋诗兼容禅学，理境过于唐诗，唯音节终有不逮。宋诗中山谷、后山为最，荆公次之，东坡、放翁又次之。苏门六君子颇有青出于蓝者，以视韩门诸子才学均出其下者，有过之矣。

谈旧作《再答嗇庵兼示巢林》（见《蠲戏斋诗前集》下）云："一庭白雨群疑尽，满目青山万法如"。上句用《易·睽卦》，下句对以佛经。

谈旧作《题钟氏父子乡试朱卷》（未刻）云：制举时代犹非寝馈经术，文不能工。顾亭林《日知录》慨叹唐宋诗赋变为制举，今则每况愈下矣。此题无话可说，籍端兴感而已。"四本清言"，原论不传，《世说新语》犹可考见。以对"五经异议"，甚工。"坏壁弦歌"，以喻钟文；"空仓雀鼠"，以喻今日也。

谈旧作《答赵纶士元日见赠》（见《蠲戏斋诗前集》下）云：起句以原诗用陶诗，即以陶诗之意答之。颔联羌无故实，"麋鹿窥牖"指赵来访。颈联"同坑""异土""处梦""经年"借用禅语，属对自然，一喻人性皆善，一喻时间之幻。结语活鲅鲅的，"梅边""柳边"随人自会。论学术，则如朱子所谓"高明者蹈于虚无，卑下者流入功利"。论时事，则同为功利，又有两派，不是左派，便是右派。实则悟到"同坑无异土"便无"梅边""柳边"矣。夫子言"有鄙夫问于我，我叩其两端而竭焉"，两端便是梅柳，鄙夫便是儿童。随物所见，即物起兴，信手拈来便是。可见诗人之皆多不易会。

谈陶诗云：殊不易读。举《连雨独酌》一首云：此在集中，词句多拙，而确系渊明说理，自道所悟境界语。"天岂去此哉，任真无所先"，便是忘情先后。"云鹤有奇翼，八表须臾还"，以喻一念周遍法界。"顾我抱兹独，僶俛四十年"，造语奇异，岂有饮酒而须"僶俛四十年"者？是知"独"者，独知之境界也。

又《饮酒》之十三云："一士长独醉，一夫终年醒。"屈原对渔父言"众人皆醉我独醒"，以为醒胜于醉；靖节则自托于醉，以为醉胜于醒。"规规一何愚"，言醒者之计较利害也。"兀傲差若颖"，言醉者之忘怀得失也。"寄信酣中客，日暮烛当炳"，若曰当续饮也。是故其所为酒，不必作酒看；其所谓醉，不可作醉会。吾尝谓靖节似曾点，以其绰见天理，用现下语言说现前境界、本地风光，略无出位之思。所谓"曾点、漆雕开已见大意"者，于此为近。

作诗亦须自有悟处。陶诗好处在于无意超妙而自然超妙。论者言颜诗如"错采镂金"，谢诗如"初日芙蓉"。谢之视颜，自是较近自然，然犹有故意为之之处。陶则本地风光，略无出位之思，不事雕缋而自然精炼。似此境界，却不易到。东坡和陶尽多，无一首相似。如《和饮酒》云"三杯亡六国，一盏销强秦"，则剑拔弩张矣。王摩诘诗自有境界，如《终南别业》"中岁颇好道"一首，大似陶诗。《辛夷坞》"木末芙蓉花"一首，亦是眼前景物，信手拈来。

诗贵含蓄，忌刻露，意在可见不可见之间者为佳。李太白"众鸟高飞尽"两句尽好，"相看两不厌"两句便失之刻露。宋诗刻露益甚。《三百篇》亦有刻露之作，如"人而无礼，胡不遄死""投畀有北，有北不受"等。然亦有须各人自己理会者，如"籊兮籊兮，风其吹汝"，《诗集传》以为淫女之辞，以予观之，意味深厚，类似《风雨》《鸡鸣》之章，当是贤人处乱世，以危苦之词互相警惕而作。予尝有意选诗，但其事殊不易，唐一代已自浩博矣。

诗人闻道者固不多。就诗而论，一代不过数人，一人不过数篇而已。亦非是教人不学诗，但古之为诗其义大，后世之为诗其义小耳。

为人改诗，有句云"万国河山经乱日，一天风雨未归人"，时方避寇在蜀，故云。

谈旧作《寒露菌》（见《蜀戏斋诗前集》上）云：此诗乃刺时讽世之作。"怜彼根蒂微，岂识秋旻高"，讥政客也。"出门虎迹乱，倚树方鸣鸮"，言天下之乱也。"寄语采芝人，勿受商山招"二句点题，用四皓应吕后之招，卒为出山事，又四皓尝有《紫芝歌》也。

严羽《沧浪诗话》云："诗有别才，非关学也。"实则此乃一往之谈。老杜"读书破万卷，下笔如有神"，可知学力厚者所感亦深，所包亦富。但如王壬秋教人学诗，纯用模仿，如明七子拟古，章句不变，但换字法，自是不可为训耳。《易》云"修辞立其诚"，诚之不足，则言下无物，近于无病呻吟，当然不可。乃至音节韵律，亦须是学。唐人音节极佳，宋人则虽东坡、荆公、山谷、后山诸贤，诗非不佳，而音节则均逊于唐矣。说至此，适有鸡啼，因言鸡啼亦有抑扬，牛鸣亦有雄壮意味，仿佛律应黄钟之宫，鸟语转变，自然成韵。乃至《高僧传》记佛图澄听风铃而辨言语，事虽奇异，亦有此理。铃既无心，风亦无意，相遇成韵，听之者适逢其会，心有所感，遂若闻其谈说，理自可通也。《乐记》：“声成文谓之音。”“知声而不知音者，禽兽是也；知音而不知乐者，众庶是也；惟君子为能知乐。”韵律亦须学，多读自然见得。至于白话之漫无音节者，则终不能成立。西洋诗亦有抑扬高下音韵，而十四行诗格律谨严，亦岂漫无准则耶？

先生与叶左文、陈伯冶同游衢州烂柯山，登石梁，成纪游诗一首（见《蠲戏斋诗前集》上）。因谈叶先生博闻强识，熟于《宋史》，方以《宋会要》（自《永乐大典》辑存，原书久佚）校《宋史》，又见商务印书馆出版之《放翁年谱》错误甚多，另成一书。惜其溺于考据，读书而不致力穷理，纪游诗暗示此意。叶先生诗云：“石渠凌空起，马子在上头，我与伯冶父，梁下空搜求。”盖深致推服，亦自承考订之事贤于博弈而已。

先生游金华北山三洞，成七言歌行一首（见《蠲戏斋诗前集》上），出示学者云：五言求其谨严，七言歌行则须有开阖动荡之势。此诗可谓盛唐之音，山谷、荆公均不能到。诗人所感，每以眼前景物兴起，所感深者，理趣亦深。读诗者须有同感，便与诗人之心合而为一，犹治义理之学至于纯熟，则其心与圣人之心合而为一也。唐诗说理者少，李东川（颀）能之，《杂兴》一首确是好诗。吾此诗音节似之，而说理较大。

谈《避兵桐庐留别杭州诸友》（见《避寇集》）云：老杜有此风格，无此议论，以其所见者小也。吾诗首四句先言处灾变之礼，次言祸乱之源，次言飞机之惨忍，次自述，兼及故人避兵桐庐，抵用“逝从大泽钓，忍数犬戎厄”二语一点，层次井然。宋铿、墨翟虽非攻寝兵，其意犹起于功利计较，故终无补，犹今之和平会议也。“磔砾”二字用以形容爆炸之惨，甚得当。“登高望九州”二句，老杜能之。“甲兵其终偃”二句系倒装句法，老杜亦能之。“儒冠甘自弃”二句用字有谢诗意味，非老杜所能。结处二句甚有力量。通篇一字难移，可传之作也。又云：劳者之歌，少苏其气，此亦出于自然，不容强勉。即如全用仄韵，乃有悲痛之音，亦是下笔自来，莫之为而至者。

《留别杭友》一首，音节哀而促。《郊居述怀》一首（见《避寇集》），较为舒缓，虽在患难，词不迫切。前篇礼意重，故谨严；后篇乐意多，故和易。

谈《村舍偶成》（见《避寇集》）云：此诗大似老杜，末二句饶有精彩，足见怀抱。无此，则为闲适诗，不切时局矣。

先生说杜诗"无边落木萧萧下，不尽长江滚滚来"两句用叠字，即以状落叶、江涛之声。因自述《和肇安法师落叶诗》云"梦中一夜萧萧雨，脚底千岩飒飒风"（见《蠋戏斋诗前集》下）字法相同，又《病怀》云"一春黯黯长逢雨，四海茫茫久罢琴"（同上）亦用叠字。

先生尝有意选诗，学者请问义例，答云：或问王辅嗣《易》以何为体，答曰"以感为体"。余谓辅嗣此言未尽其蕴，感者《易》之用耳。以感为体者，其唯《诗》乎。在心为志，发言为诗，志即感也。感之浅者其言粗近，感之深者其言精至。情感所发为好恶，好恶得其正，即礼义也。故曰"发乎情，止乎礼义""惟仁者能好人，能恶人"，此孔子说《诗》之言也。诗教本仁，故主于温柔敦厚。仁，人心也。仁为心之全德，礼乐为心之合德，礼乐由人心生，是以《诗》之义通于礼乐。程子曰："穷神知化，由通于礼乐。"故《易》为礼乐之源，而《诗》则礼乐之流，是以《诗》之义通于《易》。政事之得失寓焉，是以通于《书》。民志之向背见焉，是以通于《春秋》。六艺之旨，《诗》实该之，诗教之义大矣哉（文章亦可以此选取。班《志》列辞赋、诏令两类，辞赋本于《诗》，诏令本于《书》，后世选本《文章正宗》尚知此义）！《三百篇》以降，代有作者。后之选者识不及此，各以己见为去取，或求备乎体制，或取盈于篇章，博而寡要，于义无当也。吾尝欲综历代诗总别诸集及论诗、评诗诸作，博观而约取，删繁而撷要。其世则汉魏六朝唐宋辽金元明清，其体则乐府五七言歌行律绝，其义则风雅正变，足以考见一代民志之所向，国政之所由，世运之升降污隆皆系于是。好恶不失其正者，大抵一代不过数人，一人不过数篇。体不求备，唯其人，所以昭其志也；断代着录，所以着其事也。详其来历，通其旨意，以便教学。善读者潜心以求之，庶几继轨《三百篇》，而六艺之旨可以概见。以是为教，其必有感发兴起者矣。今者，遭世衰乱，书史荡析，避处空山，无复取材之资，岂天之将丧斯文耶？虽然，使世有好学深思心知此意者，踵吾规模而为之，则是书也固不必自我成之矣。

《诗大序》及郑康成《诗谱序》两文，说诗之义尽之矣。《大序》云："治世之音安以乐，其政和；乱世之音怨以怒，其政乖；亡国之音哀以思，其民困。"
《诗谱序》云："勤民恤功，昭事上帝，则受颂声弘福如彼；若违而弗用，则被劫杀大祸如此。吉凶之所由，忧娱之萌渐，昭昭在斯，足作后王之鉴，于是止矣。"

先生说《丁丑除夕书怀呈叶君左文》（见《避寇集》）云：此诗用经说理，义兼赋比，沈痛不减老杜，而理境过之。"嗟予德未修"两语，自六朝以来诗人未尝说及此也。

先生自言：四岁就学，从何虚舟师读唐诗，多成诵。师尝问诗中最爱何句，脱口应曰："茅屋访孤僧。"师异之，以语先君云："是子其为僧乎？"今年已耆艾，虽不为僧，然实自同方外。当时甫四龄，岂知此诗意味，然竟以此对者，过去生中习气为之也。山谷八岁诗云："□□长风吹上天，吹到玉皇香案前。为语当日黄庭坚，谪在人间已八年。"亦绝不类小儿语。《大智度论》中有佛弟子毕稜伽婆嗟为阿罗汉，尝欲渡河，呼河神为"小婢"。河神诉之佛前，佛嘱赔礼，即曰："小婢，我今忏谢汝。"河神不悦，以为戏侮。佛云："是其心中，我慢确已净尽。但彼过去五百生为婆罗门，尚有余习未尽耳。"河神不服，因喻之云："如以香水储瓶中，倾泻出之，涓滴无余，不可谓非净尽。但以鼻嗅之，则香气犹在，此即余习之谓也。"可见习气廓落之难。

宋诗山谷、后山均佳。放翁以多为贵，仅比元、白，视白尚有逊色。梅圣俞虽尝见称于欧阳公，而意境殊不高，非上乘也。

湛甘泉说白沙诗为诗教外传。往年见而好之，比更展视，颇惜其说之繁。孔子说"天生蒸民，有物有则，民之秉彝，好是懿德"，但云："故有物必有则，民之秉彝也，故好是懿德。"着一二虚字而已。《棠棣》之诗，本怀人之作，孔子说来，则成讲道之诗。亦只云："未之思也，夫何远之有？"皆着墨不多，而意味自足。《诗·小序》虽不尽可据，亦无支蔓。

李峤《汾阴行》、元稹《连昌宫词》，虽去《三百篇》远甚，犹是风人之旨。

吾《赠贺昌群》诗（见《避寇集》）有云："灵山咫尺能相见，玉海千寻不可量。"上言道不远人，"一日克己复礼，天下归仁"；下言性德无量。《南齐书·张融传》：融善玄言，自名其书为《玉海》。或问何义，融答曰："玉以比德，海崇上善。"比喻体用兼备。其后王应麟亦以《玉海》名其书，然王书乃为制举而作，未称斯名也。

先生为贺昌群改诗一联云："伊洛渊源归太极，唐虞事业讯鸿蒙。"因言此联甚工。太极是理；鸿蒙则元气也，见《庄子》。下句即"一点浮云过太虚"之意。

问诗。答云：盛唐音节响亮，句法浑成，晚唐便失之雕琢。宋诗音节便哑，虽荆公、山谷亦然。东坡于诗并不用功，只凭天才，失之率易。王壬秋教人为诗，篇模句拟，大类填词，方法太拙，往往只具形式。渠长于《选》体，歌行亦能为之，而短于律诗、绝句。张文襄亦颇能诗，晚近则有陈散原、郑孝胥。郑诗颇类后山，固不必以人废言。陈石遗能评诗，所作诗话颇可观，及其自为之，乃不能悉称。樊樊山、易实甫虽摇笔即来，不为无才，而体格太率，仅可托于元、白而已。中国文学流派太多，历史太长，欲于各家各体一一沈浸精通，大非易事。是以胸中不可无诗，笔下则不必有诗。必欲学诗，古体从汉魏入，近体从盛唐入。先须泛观各家，继乃专看一两家，方有入处。选本如《唐贤三昧集》，专选盛唐，所收均好。至于综合历代精英汇为一编，分别加以论断，吾尝有志于是而未暇也。问总选如成，前五名当谁属。曰：李、杜、陶、谢（康乐）诸公足以当之矣。

王昌龄诗云："赤日荡中原，烈火无遗巢。一人不见用，万里空萧条。"韩致尧诗云："当街一盏辞春酒，明日池塘是绿阴。"王诗益怒，韩诗益哀。吕本中诗云："雪消池馆初春后，人倚栏杆欲暮时。"谢榛盛称之，采人《四溟诗话》。此诗虽有迟暮之感，却无怨怒之意。池馆雪消，庶几治世先声。

古者朝聘往来，赋诗见志，以微言相感。微者，隐也，不必明言，贵在暗示。实则一切言语皆属于诗，真有至诚恻怛之怀，发之于言，自是感人。慈母之爱子，不学而能歌，赤子之于母，闻声而相喻，几以真情感通之故。即如吾今为诸子说此，谆谆之意，或有所感，亦是相爱无已之意为之耳。

杜诗最深厚，是儒家气象，但不能为绝句，唯《赠李龟年》一首为佳。谢诗最华妙，陶诗最玄远，太白最豪放。韩诗精炼，柳诗理境格调学谢，用字用韵在韩之上，但不成大家，名家而已。绝句，王昌龄、李太白为佳。

学诗须读《三百篇》《楚辞》、汉魏晋宋各家，以及唐人。《唐贤三昧集》甚可观。又须兼看诗话，如

《苕溪渔隐丛话》等。《诗比兴笺》亦佳。风、雅、颂是用，赋、比、兴是体。风则比、兴兼之，雅则用赋，唯颂最难。佛经赞颂，差可比拟，《圣经》赞美诗，亦英文中出色文字，后之人无复圣德，此体亦渐稀矣。读《三百篇》须是味其温厚之旨，虚字尤须着眼，如"庶几夙夜"之"庶几"字，"尚慎旃哉"之"尚"字，意味均甚深长。又如"大风夙退，无使君劳""缁衣之衣兮"云云，其言皆亲切恳挚，爱人如己，"道之云远，曷云能来"亦复同此意味。孔子说诗，但加一二虚字，如"有物必有则"，"民之秉彝也，故好是懿德"，便自意味深长。程子亦善说诗，谢显道称之，见《近思录》卷三。

太白豪放，得骚人之旨；工部侧怛，有《小雅》之风。

论太白者，每以其好言神仙，歌醇酒美人而少之。由今观之，实多有托之词，未可据成说为定论。且彼言神仙，实曾修炼，知丹诀。《吊比干》文，则儒家言也。《为窦氏小师祭璇和尚》文，则明于义学。文字亦皆上承六朝，异于韩柳，古人要为不可及也。

先生《和少陵夏夜叹》（见《编年集》辛巳壬午卷）出示学者，因言：和诗有次韵、和韵、同韵之别。次韵以原作韵脚为序，一字不可移；和韵虽用原韵，而不拘次序；同韵则但韵部相同，不必原字。唐人不用次韵，荆公、东坡、山谷始多为之。山谷才大，驱遣得动，往往四和、五和而不相蹈袭，荆公亦佳，东坡和陶则有率易处。然宋诗音节终不及盛唐之铿锵，此则时为之也。和诗当过于原作，否则亦与之埒。吾欲和杜诗数十首，略存《小雅》之意，虽视杜未知何如，固当过于东坡。吾诗尚有古人轨则，而非模仿，惜此事亦难得解人耳。

杜诗《夏夜叹》佳处在"虚明见纤毫，羽虫亦飞扬。物情无巨细，自适固其常"四句，见其体物之细。以下兴起戈士之苦，则恻怛之怀也。细读之，觉其音调铿锵，此唐诗宋诗之别。

《太白集注》引山谷言有云："太白乃人中麟凤，虽梦呓或作无益语，决无寒乞相。"此说良是。太白、东坡于义理固说不上，然天才豪放，胸襟洒落，不似今人满肚皮计较。

往在杭州时，曾梦成《诗人社会》一书，醒而怡然，犹记仿佛。将来得暇可为之，改号《诗人国》。断自屈原，一代不过数人，上下千载，集于一堂，高谈清言，各明素志，而采其集中杰作最足表现其为人者附焉。学诗者得此一编，胜读选本多矣。

《选》体诗当熟读。宋人荆公、山谷不可略，然不读《景德传灯录》，亦不能读山谷诗也。

谢无量先生说李义山《贾生》诗云：贾生但知有政治经济，汉文毕竟高超，二千年来帝王，几人解问鬼神事耶？其言超旷玄远。

吾诗在此时无所用之，亦没处说去，所谓"只可自怡悦，不堪持赠君"也。吾方为古诗，忆平生所居首会稽，次西湖，次天台、黄山，次富春、金华、桂林，可各为一首，成十章（后只写成七首，无桂林，有天目，见《编年集》辛巳壬午卷，题为《七思》），但未尝亲至其境者读之便索然无味。读古人诗亦犹是也，不能得古人之用心，则味同嚼蜡。治义理之学亦犹是也，未尝亲证灼见，则闻而恐卧矣。

举贾谊《惜誓》"黄鹄之一举兮，知山川之纡曲。再举兮，睹天地之圆方"，"使麒麟可得羁而系兮，又何以异乎犬羊"，《吊屈原》"凤翱翔于千仞兮，览德辉而下之"，及屈子《远游》"悲时俗之迫厄兮，愿轻举以远游"等语示学者，因言：病莫大于俗，俗病最是难医。满腹计较，汩没日深，久乃习而安之以为乐，有欲振拔而出之者，非唯不肯相从，反而怨之。如身处战壕，巨炮轰击，飞土几没其顶，而不肯听人援手，自以为得，虽有力者亦未如之何矣。或问吾辈恐亦在汩没中，先生笑云：贤辈自是出来好！

《鹏鸟赋》与《庄子》同旨，而语更简要，亦贾生胸襟超迈，乃有此文。

昔闻廖季平以《庄子》为《诗》传，颇觉可异。由今观之，《楚辞》寅通于《易》，不明乎《易》，亦不能尽通《楚辞》也。

说《编年集》云：吾非欲以此博诗名，作诗人，欲稍存变风变雅之意，为天地间留几分正气耳。往者亦是全身远害之意多，恻怛为人之意少，故不愿流布。今则战祸日烈，是非日淆，此亦不得已之言也。

近作《善哉行》《短歌行》《独漉篇》（均见《编年集》辛巳壬午卷），三首皆用汉乐府神韵，而理境之深，古今独步。

乐府诗《独漉篇》义取报父仇，《太白集》中所存则报国仇也。

杜诗排律出于齐梁，能得其细，此前人未发之论也。齐梁诗，向每病其绮靡，比稍覆视，乃知其细。简文之作尤佳。

朱竹垞诗，在清朝不失为大家，读书多，亦工亦博（查初白尚可观，吴梅村固不逮也），文则欠排奡，视诗有逊矣。偶观其年谱，六岁时，塾师指王瓜属对，信口答曰"后稷"。师怒，欲扑之，不知适以自彰其陋。即此可以见其天才矣。

谈赵尧生先生词云：在清代当成一家，虽细密不及朱强邨，而雄壮有得于辛稼轩。《生日》一首可见，即此一篇，足以传世矣。

赵尧老词大有功夫，无一首率易之作，四五十岁已自成就。集凡三卷，上卷稍逊，中卷渐胜，末卷弥见精彩，亦晚而益工也。如咏园蔬杂花数十阕，无一不佳。读书多，用事精切，盖毕生所读书皆用之于词矣。惜格调不甚高，可为名家，不可为大家。其于诗卒无所成者，亦以此故。太白词格之高，亦以其得力于诗者深耳。

谢无量先生近作五言廿首，一片天机，空灵动荡，的是天才。作书亦未尝临帖，而自然佳妙。吾所和廿二首（见《编年集》辛巳壬午卷，题为《和啬庵山中杂题二十二绝》），第一首便答来访竟，以下或针对原意，或自抒怀抱。五绝难于七绝，以字数更少也。

先生阅《六十种曲》，因言：诗外有事，作曲亦然。如《屠龙记》，作者实亦博极群书，乃能为此。义学、禅学，以及道家玄言，无一不通。吾如为之，布局或较灵活，博洽当有逊色。以此知古人信不可及。因出《昙花记》及《盛明杂剧》二册令学者读之。且曰：试看阎王断案，字字皆有分寸。贤辈出语下笔，往往不妥。古人如除官制诰，到任谢表，字字皆不可移，真所谓"悬之国门，一字千金"。朱子言，为文无他巧，但使字字妥当耳。荆公、东坡集中此类文字极多，荆公尤胜。贤辈总由平常太不留意，故自己下笔不知分际。

问白香山《动静交养赋》，先生云：两头语耳。似此则动静仍是两截，香山盖未解一如之理，故说来便错。性道超乎动静，不可强为分属，陷于偏曲。天道岁功，亦复如是。臂如"天何言哉"，疑若静矣；"四时行，百物生"，疑若动矣。然方其无言，亦行亦生，则静亦动也；既其行生，未尝有言，则动亦静也。香山此赋取义老氏，然亦不见其奥。大抵魏晋人说老庄得其玄旨，唐以后便不足观。

胡元瑞《诗薮》以汉乐府桓帝初童谣"小麦青青大麦枯"与少陵《大麦行》"大麦干枯小麦黄"比较言之，以为即此便是汉唐音节之别。前者用虞韵，便有含蓄；后者用阳韵，便觉高亢。吾尝有取于其说。以诗而论，少陵亦更进一步，故弥觉发扬踔厉也。大抵唐诗高亢响亮，晚唐便哀蹙。义山诗虽工，音节已哀。李后主词未尝不妙，而纯是亡国之音。北宋词亦多哀音。山谷、后山诗自工稳，音节终不及唐。推而上之，正风、正雅音节舒畅，变风、变雅便见急促。唯文亦然，六朝徐、庾骈体，句句工整，而靡弱已甚，此亦有不可强者。故闻铃铎而辨治乱，听鸟鸣而知安危，有时下笔成诗，押一韵脚，往往出于自然，非由安排也。

作诗学字，均须自解作活计。禅师家有“教子作贼”之喻，语虽鄙俚，而取譬甚切。

先生生辰，白尹雕石章作弥勒像呈进为寿，并附诗。先生答诗有云“石头寸寸是琼瑰”（见《编年集》辛巳壬午卷），因言本是琼瑰，方堪雕琢；非待雕琢，乃成琼瑰。吾当见美玉多在璞中，凿去粗皮，乃见美质。人但苦自己不能舍弃耳。

曹缫衡来说，附诗有句云：“僧莽远分千嶂雪，菜畦长办一年春。”先生颇称道之。

洪樵舲先生为人笃厚，诗从义山入手，惜稍为所缚，止于晚唐。吾尝劝其作古诗，又见沈培老为题其诗集数行，亦欲其进而求之《楚辞》《文选》，融会禅理、玄言。惜其不及试也。培老有胸襟，有眼光，近体亦学义山，古诗则学昌黎，而玄义纷纶，气格峻整，虽所作不多，以较王壬秋为高，然亦终是未熟，尚费气力。郑苏戡诗亦站得住，佳者亦近韩柳。赵尧老古诗不多见，近体偶有率易处，吾未能知其所诣也。吾昔有诗赠嘉兴印人郭君（题为《赠郭起庭》，见《蠲戏斋诗前集》上），培老见之，以为渠与金甸翁诗均可废。又尝赠弘一法师诗，有句云"衲僧三印水空泥"，太炎见之云，全章只解得三成，亦可见其坦率。

作诗须是自解作活计。改诗如改口供。词非不佳，其如不由己出何！

谢无量先生《青城山杂诗》超妙自然，全不费力，如行云流水。求之今日，殆无匹俦。

问古诗用韵。答云：可据《诗本音》及《屈宋古音考》，五古可依《文选》。

寄黄离明诗，用剑峡放木鹅事，亦见《灯录》，喻不逢人也。诗家用公案，或反其意，或取其词，变化自如，皆是信手拈来，不可泥着。山谷才大，用事尤须活看。

先生当有意作《六艺论》《四学考》，日寇入侵，避乱转徙，史书荡析，喟然叹曰：后世有欲知某之为人者，求之吾诗足矣。

谈诗乐云：西乐繁弦促节，使人悲，使人哀，非和平中正之音。中土乐亡已久，晚近工琴者，浙有张味真，湘有杨时百。又有鲁人王露者，尝见称于章太炎。杨、王亦均物故。吾昔鼓琴，虽不能自制谱，而能知音。琴操虽有词，向不歌咏，但以微妙之思寄之十指，须是闻其声而知其意，故曰"志在高山，志在流水"，不待文字语言，自然会解。其或鼓琴者心意散乱，或意有所注，则不成曲调矣。

学诗须知诗之外别有事在，学琴亦然。总须先有胸襟，圣人感人心而天下和平。先有诗意，乃能为诗；先解乐意，乃能学乐。

古来诗选尽有佳者，《文选》尚矣。《唐文粹》着录亦精，而不及律诗，是其阙略。

杜诗注尽多，近觉《心解》颇好，此书分体编辑，非选本。

论韩、柳诗云：柳学谢，胜于韩。韩有气势而少韵，所为琴操俱胜。柳所为骚亦佳，骚固不易为也。

先生为说近作和谢丈七律"忘机鱼鸟傍人多"（见《编年集》辛巳壬午卷，题为《再酬啬庵》）一首，首用老杜对荆公，次用"穿网食"及"门外草"两语所据公案。因言古人语脉乃在铲除知见，层层逼拶，益觉钳锤妙密。

先生出示近作《漫兴》一首（见《编年集》辛巳壬午卷），因言凡未悟者皆是醉人（亦即客子），听其言皆醉语也。

又示新诗一首："良驹追风静不惊，鸾和微动御天行，只因首蓿添凡骨，日日长楸策下鸣。"释之云：

"良驷追风"不待鞭影；"鸾和微动"，自然御空而行。长讨言语，便如待苜蓿而后饱，待鞭策而后行也。

山谷《快阁诗》均佳，而"万事转头同堕井，一身随世作虚舟""落日荷锄人着本，西风满地叶归根""落木千山天远大，澄江一道月分明"等句尤为妙语。

《选》学实甚要紧，而诗赋尤当精研。如《芜城赋》虽仅短篇，而深悟无常。全文四段，前后对照，盛衰兴亡之感，可谓深矣。人多坐不知常，故妄作，妄作，故凶。老子所以称"知常曰明"也。《兰亭序》亦佳文，昭明偶有遗略，不足为右军病。"夫人之相与"一段，亦是深悟无常，"列序时人"以下，则又不堕断见也。至于班固《幽通》，平子《思玄》，实继《离骚》而作，并有深旨。《天台山赋》亦存玄言。乃至《三都》《两京》，虽侈陈宫殿，劝百讽一，而无常之旨亦可概见。他如干宝之《晋纪总论》，陆机之《辨亡论》，皆极佳文字，古人信不可及也。

陶公时有玄言，托兴田园，而词多危苦；谢客兼通义学，寄情山水，而归于平淡。读其诗者，能于乐中见忧，方识渊明；能于忧中见乐，方识康乐耳。大抵文章之作，皆由豪杰之士与俗相违，是以形于篇章，寄其幽愤。陶则较为含蓄，故得全首领；谢则过露才华，故不免刑戮。沈约作《宋书》列传，但论谢之文章，而不及其政治抱负，盖亦恐触犯忌讳。吾诗"被褐幸粗完"（见《编年集》辛巳壬午卷，题为《岁暮述怀寄天乐》），亦犹渊明之志也。

《至日遣怀》及《送寒》二诗，一是乐中有忧，一是忧中有乐。"送寒"二字似较昌黎"送穷"题目稍阔大。

先生有《题山中腊梅》及《岁暮书怀仍用前韵》各二首（见《编年集》辛巳壬午卷），自记云：寄托颇深。又云：忧而不伤。

今人以感情归之文学，以理智属之哲学，以为知冷情热，歧而二之，适成冰炭。不知文章之事发乎情，止乎礼义，忧乐相生，有以节之，故不过；发而皆中节，故不失为温柔敦厚。看古人诗总多温润。如云："虽无旨酒，式饮庶几；虽无佳肴，式食庶几。"情意何等恳挚，读之者深昧而有得焉，乃能兴于诗。移刻薄为敦厚，转粗犷为温润，乃能"立于礼，成于乐"，亦即变化气质之功。昧者反是，但以增其回邪耳。

诗不可勉强，要须出以自然。如阮大铖集中亦作闲适冲淡之语，而其伪不可掩。老杜虽有时亦朴拙，然语语皆真，真便好。

元、白亦是古典文学，非不用典，但用典使人不觉。以元、白为不用典，直是胡说。

老杜《石壕吏》《无家别》等篇皆出于王仲宣《七哀诗》。曹子建亦有《七哀诗》，视仲宣故不逮也。

《礼记·儒行》不甚醇，《缁衣》却醇，全是说诗。

沈培老论诗有"三元"之说。"三元"者，开元、元和、元祐也。余为增元嘉，成"四元"。元嘉有颜、谢，开元有李、杜，元和有韩、柳，元祐有王、黄。透此四关，向上更无余事矣。

诗人胸襟洒脱，如陶公者，略无尘俗气，出语皆近自然。谢灵运华妙之中犹存雕琢，视陶自是稍逊。太白天才极高，古风至少三分之二皆好，然学力不到。老杜则深厚恳恻，包罗万象。退之于诗非不用力，子厚诗极幽秀，过于其文，顾皆未能免俗。荆公才高，亦有率易之作。山谷理境自佳，颇喜逞才。至其称东坡《卜算子》"缺月挂疏桐"一首为"不食烟火语"，允为知言。东坡此词，几于全首集句，然固过于其诗，以襟怀之超旷也。总之，李杜文章，光焰万丈，但使文字不灭，精气亦长存人间。读者有以得其用心，斯与古人把手同行，无间今昔。

学诗贵有神悟，可得而传者皆是死法。诗话、诗评不妨探诗借助，及其成就，则皆我所有事，一切用不着矣。

诗贵自然，实至名归，亦非出于安排。刻意求名，终不可得，亦俗情也。

陶渊明《和张常侍》诗，可见乐中有忧之意。

李义山绝句在杜之上，排律只能作十韵，至多二十韵。若夫洋洒千言，极开阖动荡之妙者，则古今诗人唯有少陵耳。

先生作《丘里谣》（见《编年集》辛巳壬午卷），末首改"攻取"为"取舍"，示学者云：一字出入，大有关系。"物情蔽一察"，则是有取；"天行百无废"，则是不取。取舍两忘，则言非向背，而不妨有向背；本末一贯，则不立同异，而不碍有同异。禹、稷、颜子，易地皆然，迹虽不同，本自是一。正如吾往说《孝经》，近讲《卮言》，皆不宗朱子，乃所以尊朱子。禅师家呵佛骂祖，无施不可，贬剥不作贬剥会，皆所谓报佛恩也。

说《十五夜月》诗（见《编年集》辛巳壬午卷，题为《八月十五夜月》）云：虽苍凉衰飒，故自沈雄。当时信笔写出，并未更改，亦是自然流露，不容勉强。但使中国文字不灭，吾诗必传，可以断言。此时虽于人无益，后世闻风兴起，亦可以厚风俗、正人心，固非汲汲流传以取虚誉也。老杜所以为诗圣，正在其忠厚恻怛，故论诗必当归于温柔敦厚。时贤如谢先生，诗才非不高，亦有玄旨，然所得者老、庄之粗耳，其精处固另有深远者在。至于儒术，彼固未尝致力，故终嫌其薄。其于人世亦只是优游卒岁，即此亦便是不敬也。吾于今世，气类之孤也久矣。独尚友千载，开卷则亲见古人，有以得其用心，下笔则确乎自信，知古人之必不我违，为可乐耳。

先生出示近作，为讲解云：《吹律》（见《编年集》辛巳壬午卷，题为《多雨闭门晴则闻警感而作此》）一首述怀，《瘗猫》（同上）一首刺诗，《丘里谣》（同上）九首则说理之作，三者多用《灯录》公案。前二诗甚工，后九首则理境之高，荆公、山谷所不及。但能从片言语入，可以悟道。说理之作，至是极矣。吾于此事，亦吩咐不着人。贤尚有好乐，惜读书太少，无可驱遣，胸襟未能洒落，所关尤大也。

《吹律》一首第五句用荆公"薄晚林峦往往青"之句，稍加点窜，意境乃截然不同。彼时虽非圣君治世，故是畅悦之音；今则时危道丧，遂见悲悯之旨。微特国运如斯，吾身亦复不异。此后相聚为日无多，甚望贤辈犹能有悟入处。今纵未解，过此当思吾言。

先生出示慰叶先生诗："勿问车牛裂，先忧劫火燃。空华纷降地，怒羽久缯天。历在无秦统，《书》亡有伏传。未宜消息断，占梦远山巅。"其中颔联恶事美化，句法取自荆公《寄蔡氏女》"积李兮缟夜，崇桃兮煊书"，此东坡所谓"屈宋以后千载无闻"，而荆公亦以自负者也。颈联是主旨所在，出语典重，笔力雄健。时叶先生居开化，敌机肆虐，著述尽毁，因作此诗。

排律之工，老杜古今独步，篇篇俱佳，非特百韵长篇，即二三十韵，亦复沈雄细密，极开阖动荡之致。后人如李义山学杜律极工，而排律终不能及。宋人虽荆公、山谷亦然，东坡更逊一筹矣。清人朱竹垞有《风怀》一首，三百年来可称压卷。但其事无足存，以视老杜之题目正大，魄力沈雄，去之远矣！谢先生宣统间有排律一首八十韵，纪归蜀事，甚好。吾亦曾报以长篇。吾诗所以不及杜者，一则才力未逮，二则末法时代，亦无许多大题目也。

作诗须有材料，驱遣得动，又须加以烹炼。如庖人然，无米固难为炊，百肴杂陈，生冷并进，则亦不堪下箸矣。此自关于学力，所谓"老去渐于诗律细"也。至于禀赋太薄，不能为敦厚之音，此则限于性情，无可勉强。

先生为学者说自作诗云：《杜鹃行》（见《避寇集》）以喻国也。"华阴道士"隐以自喻，"丹诀"非趁韵泛语，即"盈虚往复辨天根"一句是也。此诗起笔用王维《陇头吟》起法。原诗"关西老将"实以自喻，诗人多如此，作老将会则浅矣。《清明》（后改题《归思》，见《避寇集》）一首，"远天无尽"言理之常存，"行庭力微"惜教之不行也。《胡旋曲》（见《避寇集》）"舞衣"喻军备竞争，"鲁酒"喻纵横反复。"天半笙歌"，美俄犹未可测；"尊前笑语"，松冈西去徒劳。"西邻"综指列强，"饿人"兼譬中国也。《黄柑行》（见《避寇集》）首四句说柑已了，次八句抚今思昔，对物兴怀，"客养"以下推开说去，理境玄远。全诗音节流利，作来略不费力。《燕尾谣》（见《避寇集》）似汉乐府。燕尾短，以喻中国之弱；雉尾长，以喻外国之强。"霸因"二句笔力雄举，言强梁终归消亡也。

余向论诗，推盛唐王、岑、高、李，比来稍有不同。香山一年作乐府五十首，佳者可得三分之一。元微之才短，只和得十二首，无一佳作。温飞卿虽晚唐亡国之音，而所为乐府，字字精练，亦不易到，古人不可及也。义山绝律好，吾能之，香山乐府亦可及，温则难能，杜则时有相类处而已。

请选诗。先生云：须摒除余事一年，抄录亦须一年乃可毕事。断自汉代，从冯惟讷《诗纪》《乐府诗》《全唐诗》等书取材，另加按语，乃可抉出古人之用心。

邵子诗《答人书意》《无妄吟》二首，乃是圣贤血脉所在，今人未尝梦见邵子毫毛，而轻肆讥议，真不可教。

荆公诗云："事变有万殊，心智才一曲。读书谓已多，抚事知不足。"以荆公之才高学博，而又深于经术，不能济世，反成病民，用世岂易言哉！

为学者说除夕诗《庚辰岁除遣兴》（见《避寇集》）云：第一首起首对句便见力量，上用"头白斋心"，故下用"宵残炳烛"。又"宵残"亦示除夕，如作"残宵"，则属对既疏，意境又泛矣。"言因俗异真俱遣，行与忧违乐可常"，以《肇论》对《易经》。上言"真"亦在当遣之列，下言违"忧"乃能有乐。"忧"字所表者广，如利害计较、习气缠绕皆是。迷者不悟，或以可忧者为乐，不特不肯相违，反从而增上焉，则亦焉能乐耶！"梦来春日似还乡"改为"春来清梦似还乡"，"春来"较自然，"清梦"对"苍生"，亦较稳当。"遍地"改为"一世"，以对"九阳"，句首、句尾自相对也。第二首"伐竹苦传供美箭"一语，便包得工部《石龛》一首。用典使人不觉，而隐讽罗斯福《炉边闲话》所谓"当使美国成为被侵略国家之兵工厂"，尤为古人意境所无。"种桑悔不植高原"，以陶对杜，铢两悉称。小而书院，大而一国，更大而天下之事，皆一语尽之。

自古以来，治日常少而乱日常多，君子常少而小人常多。陶诗云："汲汲鲁中叟，弥缝使其淳。"真能得圣人之用心。

晋宋诗人，只陶、谢时有玄旨。谢诗虽写山水，着玄言一两句，便自超旷。唐人王摩诘最善用禅，故自高妙。宋人诗用禅理者，山谷、荆公、后山、东坡皆能之。山谷才大，当推第一，荆公次之，东坡于禅未深，在四人中为最下。山谷诗如："凌云一笑见桃花，三十年来始到家。从此春风春雨后，乱随流水到天涯。"喻悟道之后，更无远近方所，无入而不自得也。时山谷方在戎州，即今之叙府，盖亦兼寓身世之感。荆公《拜相》诗云："霜筇雪竹钟山路，投老归渔寄此身。"《观戏》诗云："俳优戏场中，一贵复一贱。心知本是同，所以无欣怨。"想见此老胸次亦复超逸。但惜操术未当，至于引用小人，遂以误国耳。

谈近人诗云：赵尧生犹是江湖诗人，陈散原用力甚勤，失之黏滞，俱无胸襟。沈寐叟胸襟较高，而学义山、韩、孟，失之艰涩。郑孝胥较笨重，而站得住。谢无量先生胸怀超旷，惜亦有学仙习气，未免以服食摄养为大事，而悉心以求之。故余赠诗有云："还丹驻世应无疾，天眼观身是众缘。"（见《避寇集》，题为《无量见枉山中留止旬日以将如青城遂还成都别后却寄》）意谓身是四大合成，不妨土木形骸也。谢先生天资高，知吾微讽之意，故答句云："观生何日不乾乾？"此语亦易及，而出句"伐鼓四邻闻坎坎"，以卦名叠字相对，却亏他想得到。

学诗，须知诗之外另有事在。得诗教之意，则所感者深，自无俗情。

往日不欲流布诗稿，迩来颇思多作几首，以润枯澹。际此兵戈流离，疮痍满目，佛家言"观受是苦"，人生之苦盖未有甚于今日者，有此亦可稍资调济。吾诗当傅，恨中国此时太寂寞耳。

吾诗长于五古，《金华北山三洞歌》一首（见《蠋戏斋诗前集》上）似李东川。近多为律诗，此后当多作歌行。

作诗须是所感者深，胸襟广大，则出语不落凡近。诗中著不得一个闲字，言之精者为诗，故视文为尤难也。

为学者说《花朝》一首（见《避寇集》，共五首，此指第一首）云：末两句以十字为一句，"万物入于机"全用《庄子》，特见笔力。

问《击壤谣》二首（见《避寇集》），答云：独语曰谣。"击壤"者，在野之言也。二诗有陶之拙，兼杜之放，而理境过之。亦用《易》理，亦有玄言。问似陶、似杜各句，答云："黄屋"四句是杜，"六籍"二句是陶，"道衰"二句是建安七子，而"辞危识心苦"一语可以综括二诗。第二首较深。"本不异淄渑，何由判兰艾"二句，对仗虽工，读之殊不觉，斯为上乘。

答谢先生五律十二首（见《避寇集》，题为《江村遣病》），老杜以后，无此笔力。此诗音节是杜，而用事之博，说理之深过之。如"长年惟杜口，万事莫藏胸"之句，对仗亦复无迹可求。如"崩崖从古赤，沙草暂时青"，便是老杜句法，上喻战争，下况邦国，固非仅写目前风景而已。"苍鹅"典出《晋书》"苍鹅冲天"，识者预知五胡之乱。"老农"实以自喻"打鱼""扑枣"全用杜，故引起"杜甫羁蜀"之句。问"书从六国传"，曰：中国文物已尽，故"诗到三唐尽"，而学术但知稗贩欧美耳。问"除三害""驾六龙"，曰：建立新秩序，统一全世界，皆驾龙之想也。"三害"，随人会解，轴心国即是一例。"明珠"喻神州，"可卖"则傀儡之事，此亦难以一例尽。"可话桑麻"二语全用陶，但"可"字一换，便觉今日气象与当年迥别。用古直须如此方活。"卒争渡"以譬争霸，"商船上滩"意指趋利。"吴地""杞天"，对仗工稳；"河伯""王乔"，铢两悉称。"几人留少庄"，"人"以喻国，盛必有衰也。

诗须老而后工。吾自视四十以前之作，近多不惬，四十以后可存者多，五十以后则几乎篇篇可存。

陶诗甚少对仗，偶一见之。谢诗较多，故读之觉其气不如陶之畅适。杜则用对偶而加以变化，往往层出不穷，自有一副面目。吾诗近亦自有面目。如《击壤》二首，可谓成熟，属对虽似难工，当其下笔之际，竟与神会，脱手而出，却亦不期其然而然，不必煞费安排也。

《花朝》第二首专用险韵，取义深隐，以讽参政会。"橘踰淮"对"龙在野"，匪仅句工，意亦甚广，如中国人裨贩西洋制度、学术皆是其例。

《谢北叟》（见《避寇集》）用问答体。昔陶公有"清晨叩门"之篇，工部有《羌村》"驱鸡"之作，并托始屈子，上拟《渔父》。东方《答客》，子云《解嘲》，以及枚乘《七发》，孟坚《宾戏》诸篇，皆本于屈，但两汉各家衍为骚赋，晋唐诗人自出机杼。陶则明用"汩泥"，显有线索；杜则托之"倾榼"，浑无迹象耳。吾诗"南翁"实以自喻，"北叟"不必有人。"不除陵气"二句说理，"圣者自尧"四句心平气和，以视老杜用"直如弦，死道边；曲如钩，反封侯"事演为五言，意存愤世嫉俗者，又貌似而神过之矣。

昨说一切法界皆人于诗，恐学人难会此旨，实则盈天地何莫非诗？诗通于政事，故可统《书》；以声教感人，故可统《乐》；"迩之事父，远之事君"，故可统《礼》；"天地感而万物化生，圣人感人心而天下和平"，诗之效也，故可统《易》。子夏《诗序》："正得失，动天地，感鬼神，莫近于《诗》。先王以是经夫妇，成孝敬，厚人伦，美教化，移风俗。"太史公《自序》："夫《春秋》，上明三王之道，下明人事之记，别嫌疑，明是非，定犹豫，善善恶恶，贤贤贱不肖，存亡国，继绝世，补敝起废，王道之大者也。""拨乱世反之正，莫近于《春秋》。"二说不别，故可统《春秋》。"《诗》亡而后《春秋》作",则知《春秋》之用即《诗》之用,拨乱反正之心即移风易俗之心也。如是广说,不可终穷。比及证悟,则皆剩语也。

昨因答学者问,说一切法界皆人于时,遂得诗二句云:"安诗惟法界,观象见天心。"因是律句,上加二语云:"草木同荣悴,山川自阻深。"后四句待续(续成后为《花朝》五首之四,见《避寇集》)。"自阻深"者,能度者不觉其阻深,不能者乃见山之阻、水之深耳。山川本来如此,其阻深皆人之自取之耳。《系辞》云:"夫乾,天下之至健也,德行恒易以知险;夫坤,天下之至顺也,德行恒简以知阻。"明以险阻与易简对说,可知"易简而天下之理得矣",反之,险阻而天下之理失矣。此乃是"彰往察来",乃是"告往知来"。

谢先生《青城》二诗,空灵动荡,有仙乎仙乎之趣,东坡不及也。吾诗(见《避寇集》,题为《无量见示青城二律率和》)"归"字一联用《法华》对《庄子》，似又过之。"十年观树得"，"得"字用得好。忆杜诗有"老树中庭得"句，殆有类焉。"山川空渺邈，兰芷不芬芳"，用徐孝穆语对《楚辞》，意亦及原作。"乐物"二句用《丹经》对《庄子》。

陈君所集放翁绝句，亦非吾意料所及。然放翁才故不高，颇黏滞，吾所不喜。东坡较空灵，亦是失之率易耳。吾答诗（题为《陈蔼士集剑南句四绝见贻次韵奉酬》，见《避寇集》）第一首，谢集句意已说尽，三、四两首意度玄远，"蚊虻"以喻战争，"凄成秋气"一联以《庄子》对□□，"平畴"七字约陶诗两语为一句。

和王静伯诗（题为《奉酬王静伯惠诗用人字韵》，见《避寇集》）"亲""邻"二韵均自然，"江风"句约李义山两语为一句。原作殊费力。

《题击壤集》（题为《题击壤集用人字韵》，见《避寇集》）一首，首句言时事，次句说中国，亦以自喻。以下三、五承首句，四、六承二句，每下一语，辄进一层。诗律甚细，即此一篇，可悟律诗法门。

补上巳诗十韵（题为《香宋先生以上巳见枉乌尤……》，见《编年集》辛巳壬午卷），于事之始末该摄无余，亦无一赘语。"禾黍"之感，既指赵尧老之念胜朝，亦寓吾人之哀新国。"故松"以表桑梓，"零雨"以见羁旅，故下接"羁心积杂堆"。明用羁旅，则失之黏滞，此字法也。

《伏涨》一篇（见《编年集》辛巳壬午卷），真谛俗谛一时毕露，不可作寻常言语会。

说《写真自题》第一首（见《编年集》辛巳壬午卷，题为《自题六十摄影》）第六句云"日月终年开佛面"，出圆悟勤禅师《碧岩集》马大师不安公案。僧问："和尚等候如何？"答曰："日面佛，月而佛。"第二首（未刻）第三句云"要识吾真非这汉"，系翻黄龙南意。原句云"百年三万六千日，翻覆原来是这汉"，所谓"无一字无来历"也。学者问公案未解。答云：不解且置，但论诗须知来历耳。

就近日所为诗《病中示问疾诸友》（见《编年集》辛巳壬午卷）云"海晏河清人可俟"，犹"人皆可以为尧舜也"。寄汤拙老五古（同上，题为《岁暮述怀寄天乐》）似汉乐府。"被褐"用《老子》，以喻危行言巽。《病起见晨光》（同上，全题为《冬日病起见晨光熹微写示山中诸友》）颔联上句是寂，下句是感。唯"寂然不动"，乃能"感而遂通"；唯"廓然大公"，乃能"物来顺应"；唯"一理浑然"，乃能"泛应曲当"：是为理境之极致。"风林堕叶""寒鸟收声"，唯静中乃能领略耳。

先生尝曰：诗以感为体，必有真情实感，然后下笔，诗味自有不同。又言：自古以来，历代诗人多如牛毛。然真正到家，一代不过数人；精心之作，一人不过数篇。诗学甚大，不仅文词雕琢。学诗得其门径，亦须十年工夫。若言诗学精微，则是终身之事。

《新秋月色如水夜起独步中庭得此》，此亦不食烟火语，惜不令东坡见之。

文艺篇
—— 凡论文学、文字、艺术及中国书画者归之

《说文通训定声》是应读之书。清人治《尔雅》者有郝懿行、邵晋涵两家，郝书较好。

《说文》："有，不宜有也。"与"幻有"之说相合，疑非许叔重创说，当本古书。"惟初太始，道立于一，造分天地，化生万物"，亦不似许氏之言。是必有所本，而不可考耳。

见惠影印马远画山水册，极佳。观题跋，审为王弇州旧藏，尤可喜。陈老莲画虽微逊，亦入能品。画师各尽物态，所谓"无声诗"。如马远，盖有神韵在笔墨蹊径之外。今时谈艺术者未足与于此也。

看电影，可悟相续相是妄。若取电影底片视之，本各各不相连。九观中"观识如灯"，正谓前焰非后

焰，前念灭已，后念更生，遂成相续云。实则当体即空，妄计成片段耳。《楞伽经》谓"当生即有灭，佛说刹那义，但为智者说，愚夫不能知"。此实易明事，争奈众生总是执有。若看似费解，便且置，切忌穿凿下语，纵饶下得相似，必不是也。

请学文。答云：寝馈经术，熟于义理，自然能文，不必刻意为文人也。

记先生论及韩柳语，未得当。批云：贬驳韩柳，下语须有分寸。凡议古人之失，皆须极其谨严，不可轻下一字。又云：凡说经及古人得失处，下语极须斟酌，有分寸。

论中西遵法云：西人对中国书法固不了解，而中国画之意境亦所不知。郎世宁可谓意大利人之留学中国者，虽得中国勾勒之法，画马极工细，与赵子昂几不相上下，而着色则一呆一活，大不相同。中尽讲渲染，着色如不在纸上，西画则堆垛而已。吴墨畊笃信天主教，是以中画参用西法者，故用墨甚浓，然其术及身而绝，未闻后继之人。

请学为文，先生云：文章当根本经术。汉人文字如董仲舒、刘向，非后人所及，以其经术湛深也。郑玄说经之文亦佳。韩退之文章技巧可谓到家，而经术尚疏，骨干便缺，故《原道》一类文字说理多疏。后世如朱子之文，以技巧论，似有可省处，而说理则甚精。伊川《易传》《四书集注》文字，两汉以降鲜能及之，虽郭象注《庄》，辅嗣赞《易》，方之皆有逊色。《集注》尤字字精当，天地间之至文也。《礼记》，七十子后学所为，文章平实，为学文计，亦当熟读，但读《礼》殊不易耳。说者或言学周秦诸子，诸子之文如《庄子》，岂可学而致哉！又，四史熟者文章必佳，韩退之得力于《史》《汉》，东坡手抄《汉书》几遍，近世如汪容甫之熟《后汉》，章太炎之熟《三国志》，皆可观于其文而知之。

先生临王右军《曹娥碑》、虞世南《夫子庙堂碑》，出示学者云：自汉碑以下，无论魏、晋、李唐，结体尽管各不相同，而用笔秘诀则在笔笔断。如"山"字、"国"字、"纟"旁、"示"旁，转折处无一不断。楷、隶、章草皆然。特碑帖镌刻有显有不显，学者或不悟耳。黄石斋一生学钟、王，书非不佳，终有不足处，不悟此诀故也。

先生避日寇，暂住桐庐阳山畈汤庄。丰子恺来谒，为论艺术云：辜鸿铭译"礼"为Arts，用字颇好。Arts所包者广。忆足下论艺术之文，有所谓"多数的统一"者，善会此义，可以悟得礼乐。譬如吾人此时坐对山色，观其层峦叠嶂，宜若紊乱，而相看不厌者，以其自然有序，自然调和，即所谓"多数的统一"是也。又如乐谱必合五音六律，抑扬往复而后成，然合之有序，自然音节谐和，铿锵悦耳。序、和同时，无先后也。礼乐不可斯须去身，平时如此，患难中亦复如此。困不失亨，而不失其亨之道，在于贞。致命是贞，遂志即是亨。见得义理端的，此心自然不乱，便是礼。不忧不惧便是乐，纵使造次颠沛，槁饿以死，仍自不失其为乐也。颜子不改其乐，固是乐，乐必该礼。而所以能是者，则以"其心三月不违仁"。故仁是全德，礼乐是合德。以其于体上已自会得，故夫子于其问为邦，乃就用上告以四代之礼乐。会不得者，告之亦无用。即如此时前方炮火震天，冲锋肉搏，可谓极乱，而吾与二三子犹能于此负暄谈义，亦可谓极治。即此一念，便见虽当极乱之时，治机固未熄灭。扩而充之，未必不为将来拨乱反正之因。非是澹然漠然不关痛痒，吉凶与民同患，自然关怀，但虽在忧患，此义自不容忘，亦非故作安定人心之语。剋实而言，理本如此，所谓真语者，实语者，不妄语者也。礼乐之兴，必待其人，苟非其人，道不虚行。吾今与子言此，所谓"千钧之弩，不为鼷鼠发机"，善会此义，而用之于艺术，亦便是最高的艺术。

人之大患在于习气增上，己见犹存。玄奘《西域记》记提婆学于龙树，学既成，欲往破外道论议。龙树止之，因设为主客，力扶外道义，与之论难，尽三日夜，外道义穷。龙树曰："可矣。"提婆遂往，尽破外道之说。其后外道遣人刺之，剚刃入腹。提婆自理其肠，顾谓其人曰："我诸弟子己见犹存，汝当速去。"既而弟子毕集，睹状悲愤，咸欲得外道而甘心。提婆止之曰："彼自杀其福报耳，焉能杀我哉？"寥寥数语，人己之见泯然净尽。所以然者，色法可毁，心法不可毁。提婆以身殉道，色身虽毁灭，而其所证之理则为法身，无始无终，永不毁灭。欲坏虚空，何从下手。吾前与子书有云"敌能治我都市，不能夷我山川"，犹是浅言之耳。今世所谓国家、种族，皆是缘生法。凡须缘生者，皆无自性，故可毁灭。自来夷狄入主中原者，清祚最长，蒙古盛极一时，元魏亦百数十年。然其始也虽勃然而兴，其终也亦忽然而亡。看来虽似年代久长，其实不过一瞬。

时间之久暂，本是自心流注想相所现耳。《世说新语》记殷仲文讨桓玄，师次庐山下，往见远公谈玄，临别请一言为赠。远公云："愿檀越安隐，彼亦无他。"仲文闻之爽然。知道人之怀，固非常情所能窥测也。远公之言，不知者几疑为悖，实则自彼视之，孰顺孰逆，犹之小儿攘臂，不过五十步百步之间，正不须强生分别也。今人但于习气中生活，故不见性，习气廓落净尽，真性乃见。须知国土性空，本无此物。朱元璋之灭元，论者咸以为不世之功。不知种族革命直是诳人语，彼曹亦是阶缘时会，食天之功以为己有。蒙古人自取灭亡，非彼能亡之也。《春秋》书"梁亡"，《公羊传》曰"自亡也"（僖十九年）。如今日日本人亦岂能亡中国？中国若亡，亦是自亡耳。

近读《楚辞·远游》，其文甚美，颇忆三十年前在日本从鸟滇隆三读歌德之《浮士德》，意境有相似处。

先生暂住桐庐船形岭，为黄宾虹说漫画尽与艺术云：漫画重现实，艺术则以美为归宿。现实不必尽美，故漫画不足以言艺术。现实有美，亦有丑恶，艺术家须是独具只眼，加以别择，美者存之，丑者去之，乃能成其为名世之业、不朽之作。漫画则重在题记，意托讽刺，可以谋生而不可以传世者也。譬之山川，固是自然生成，画家却须胸中丘壑，超脱自然，然后运思落笔，乃能巧夺天工。即以桐庐山色而论，江北不及江南，阳山畈不及皇甫村，船形岭则了无足观，七里滩中多幽秀，鸟石滩以上则有逊色。漫画不分美恶，一一写之，即使逼真，固已瑕瑜互见矣。又如树木，一林之中，不必皆美材也；一本之上，不必皆秀枝也。画家具有剪裁手段，便能删繁刈秽，撷英擢秀。即以摄影而论，取材无非现实矣，然能者为之，亦须览胜寻幽，久而得一佳境；既得之，又必审其方位，度其距离，夫而后或总揽全局，或剪取一角，着手若是其不苟也。《学记》所谓"释回增美"，实为教育根本，亦即艺术原则。

"释"，舍也。"回"训邪，即指不善。美即是善。为学务在变化气质，画家本领则在于变化景物，去其不善而存其善。会得此理，乃可以言艺术、言教育矣。子为画家，又为小学教师，当深体此意。学画贵能师古，尤贵深研理论。深研理论乃知美恶之别，师古乃有法度可寻。西洋画中，希腊、罗马所遗宗教文物多可观者。中国画秦以前不可见，传世者当以武梁石刻为最古。顾恺之依《鲁诗说》画《关雎》诗意，犹存伦敦博物馆中，皆古朴。唐人王摩诘画中有诗，作《雪里芭蕉图》，虽现实所罕见，而设想甚奇。元人画以倪云林为最高，题咏亦佳，枯木竹石，澹澹数笔，令人想见高士雅致。明人画，余尝见董玄宰着色《秋林图》，渲染甚工，骤看似是信笔点去，谛观之，则远近浓澹跃然纸上，盖皆点染五六次而后成者，绝非一番工夫所能就也。又尝见王遒达藏八大山人画明月西瓜立轴，题以禅语，意境亦非常人所有。詹允明藏石溪《风雨归舟图》，悬之壁间，便觉凉风满堂，山雨欲来。是皆非率尔可以几及者也。清人恽南田有《五清图》，以松一枝，竹数竿，溪流一曲，白石数峰，明月一轮，合为一幅，设想之工，堪称神品。陈老莲工人物，宗李公麟，衣褶全用篆书笔法。西泠五布衣奚铁生、金冬心等皆能绘事。冬心又宗老莲。诸如此类，更仆难数。总之，博观古人名作，深究艺术理论，而后可以合真、美、善于一炉，此言虽浅，实则最高艺术亦莫之能外，子其勉之。

尝见辜鸿铭以情、理、事、物当文学、哲学、史学、科学，虽未尽当，亦自有其见解。

问：王梦楼书法是否近似董香光？答云：王书无骨。钟太傅云："多骨丰筋者圣，无骨无筋者病。"

谈西洋文学云：浪漫主义失之浅，古典文学多有可观。浪漫主义之在中国，当于袁中郎、袁子才一辈人见之。西洋文学如莎士比亚之戏曲，群推为至高之作。其状人情亦颇深刻，然超世出尘之境界则绝少。歌德之《浮士德》略有此意，如元曲则数见不鲜矣。问：此是道家影响否？答云：来源不一。老、庄自有影响，然如神仙之说，佛氏之道，亦均有关系。西人少鉴别力，伏尔德译《赵氏孤儿》为法文，盛称之，不知此在元曲中最为俚俗。如马致远之典雅，则非彼所能了解矣。黑格尔尝称中国丧礼，然《丧服传》固非彼所能知，《祭义》更无论矣。礼诚难讲，以其博大之至，无所不贯也。

问：《西游记》可谓浪漫主义作品乎？答云：不然。此在中国，神仙家以为必读之书。孙悟空表心，唐僧表元神，八戒、沙僧亦皆各有所指，而不出乎一人之身，自应归入宗教小说。西洋虽亦有宗教小说，无非寄幻想于天国，求如《西游记》者亦不可得。

西人所译中国经典，或纰缪百出，或俚俗不堪。吾人如能自译，庶几此学可明于海外。顾此亦大难。中国学术固须通明，西洋文字尤贵畅达，能通希腊、拉丁文，则西文原字不敷用时，不妨自铸新词。中国人能为拉丁文者有马相伯，而年事过高，又于中国书阅读太少，亦难着手。林语堂等英文虽好，而见解错误，但足以欺西人耳。

问绘画，答云：此是游艺之事，当在依仁之后。既苟兴趣，不必抑止。但须知最高艺术，当以胸中至美至善之理想，改正现实之丑恶。今人论画，说轮廓线条，其说皆粗。古人论画，则说气韵，其说甚细。

说画法流变概略：大抵初期但有人物故事。佛法既入中土，乃有造像，道教造像亦杂其间。唐代山水分南北二派，五代孟蜀盛倡花鸟。宋徽宗创设画苑，画法工细，极一时之盛。元人四大家一变而为枯木澹烟，乃有写意，所以寄其不满当世之思。明初画法稍复宋代画苑之旧，而写意山水亦有名家。清人稍有受西洋影响者，如吴墨耕是。至于晚近海派如吴昌硕辈，气味恶劣，不可向迩矣！

问西洋论文学者，向有一派，主张应与道德分开，各不相谋，答云：此则我所不解。即以艺术作品而论，既是文字，总有意义，似此何所取义？桐城派曾涤生等尝谓古文不宜说理。说理固非易事，然远稽往古，《系辞》，孔子说理之至文也。老、庄皆说理，老子言简，庄子全是文学意味。《礼记》亦儒家说理之至文也。魏晋玄言，如王辅嗣、郭象、张湛，皇侃《论语义疏》所引十余家，以及《弘明集》，文字皆佳。唐人渐有逊色，犹能说佛法。《通书》文字甚精，二程、横渠以及朱子《四书集注》皆说理精当，朱子集中文字亦然。即舍义理而专论篇章，亦均自有结构，古文何尝不能说理？唯韩愈以降所谓"八家"，均短于此事，彼始无理可说耳！

先生为印人马万里题字云：行布不离圆融，圆融不离行布。客问何义，答云：出此《华严经》。行布是礼，圆融是乐。"礼主别异，乐主和同"，故曰："天高地下，万物散殊，而礼制行矣；流而不息，合同而化，而乐兴焉。""礼者天地之序，乐者天地之和。"无序则不和，故序和同时。然序非人为，和贵自然。勉强而为之序，终不能和；人为之和，亦不能久。以艺术譬之，如万里先生善治印，字画排列必有当然之序，既得其序，自然可观，即是和也。又如音乐歌谱，必有抑扬高低，不容颠倒，是为序；得其序，则铿锵悦耳，便是和。和即圆融，序即行布也。

论乐云：今日大学无国乐，有乐悉是用夷变夏，亦是怪事。西洋音乐多发扬蹈厉之意，或为靡靡之音，歌声颤动，弦索亦然。中国古乐和平中正之音当不如此，惜沦亡已久（纵有琴瑟，亦歌词同奏）耳。

集部，唐以前家家可读，唐以后便太多。荆公集可全读。东坡、放翁则无论如何读不完，以其诗多率易，文亦不必全存也。

谈书法云：昨为张知白写一联云："万事从来风过

耳，一生几见月当头。"略无笔墨痕，直是神品。何子贞一生不能到此境界，伊墨卿庶几近之，然犹着急。何书结构本好，只是太着意。吾书乃了无意。是日作书廿余件，神品唯此一件，此亦不可强求者。

董文敏书视赵子昂有骨干，画不常见。曾见黄宾虹所藏《秋林图》一幅，施丹黄，绝无笔墨痕，直是化工，亦神品也。

唐宋以降，各代文学皆自有其面目，而清最黯然无色。迄于今日，但有新考据，上承乾嘉之余韵，旁挹欧美之流风，此外毫无所有矣。

观丰子恺画展，先生言：笔墨痕迹太重，亦是未臻超脱，未能空灵。名家杰作，令人望去几乎不知是画，此乃空灵之妙也。

说书画之益云：可消粗犷之气，助变化之功。吾书造诣，亦知古人规矩法度而已。每观碑帖，便觉意味深长，与程子读《论语》之说相似。

倪云林画入逸品，虽只枯木竹石，而饶有精神，决不枯澹。

北宋李详有《营造法式》一书，叙历代建筑沿革及宫殿构造形式甚详。所用名词，悉皆典雅。又：雕刻已有西来之风，如拂菻者，则出于希腊，乃天神之傅翼者也。至于埃及狮身人面像，亦经采录。大抵六朝以来，外国建筑渐入中土，至唐益盛。此书世少传本，民初朱启钤为中国工程学会会长时曾为印行。所据本着五彩，甚精致。今则言工程者群以西洋为法，此书乃罕有知者。数典忘祖，是可叹也。

北京宫殿建筑，大都辽金以来遗物。明有匠人雷姓者，有巧思。凡都门或大内有兴造，图样皆出其手，号"样子雷"。子孙世其业，亦以"样子雷"为号。清末犹不衰。吾尝于南京展览会见其宫殿模型，甚精好，尺度一一有定制。以视旧京宫阙，但有小大之殊耳。

欲作文字，当致力于经，言之乃能有物。参之

《左》《国》《史》《汉》，方知文章体制，下字乃能不苟。如韩、柳文字非不着意求工，犹不免疏于经术，故有时说义理或未当。《左氏》不可作经读，说义远不及《公》《谷》。《国语》文字较精练，陈义亦不苟，可与《礼记》相发。与《左传》不必定出一人之手，然序次有法，断制谨严，往往以一句结之，而全篇归宿于是可见。汉人虽作小文字，如诏令尺牍，不必有意为文，而无一不佳。

先生论晚近书法云：有清一代，当以伊墨卿为第一，以其兼该众体，有魏晋气味。钱南园学颜平原，亦其亚也。刘石庵结体自佳，而伤于痴肥。乾嘉间赵、董盛行，往往流于轻，一二学古者亦未免于俗。包慎伯学北碑，独好刁惠公，亦不知择。近人唯沈寐叟晚年书以章草阁帖参之北碑，融为一家，自具面目。张季直亦有来历，郑孝胥结体未善。若民国诸贤以书家称者，吾不欲观之矣。弘一法师一生不出《张猛龙》，亦自有其面目，晚年微似枯槁。谢无量先生不好临摹而天才卓异，随手挥洒，自然佳妙。至于学力，吾或差有一日之长。所谓大家者，取精用宏，不名一家，不拘一体，然后能语于此也。

古人不可轻易贬剥，如韩退之《进学解》与班孟坚《宾戏》、扬子云《解嘲》更无优劣。韩文之至者无愧汉人也。

俗所称仿宋字，不知起于何时。以吾所见，元本犹不类此。明初陶宗仪刻《说郛》，字体乃渐方正，南北监本及汲古阁所刻书皆然。清初刻本多用楷书，实较精美，《全唐诗》《全唐文》犹然。武英殿聚珍本字用铜铸，乃用仿宋体，自较木板铅字为佳，后乃渐为宦官盗卖，良可惜也。

昔人评钟元常书，谓其"沈着痛快"。吾比临古人书，颇识此意。反观自己所为，沈着则有之，痛快犹未也。作书亦可悟道。推而言之，作诗亦须沈着痛快，说话做事亦须沈着痛快。忠信笃敬，谈何容易！笃实便是沈着，反之则是不诚。

梁肃《心印铭》，杭州万松岭附近原有摩崖。公路兴修，石刻竟毁，拓本乃不可复得。"常昏而未尝不昏"句，当作"常昏而未尝或昏"方合。

问：黄山谷书势劲挺，撇画或类竹叶，郑板桥是否从此悟人？答云：山谷间架阔张，用笔自是二王遗法，板桥则失之野。

包慎伯之为人，余所不喜。写大字不甚好，而小楷颇精。跋白真真题壁诗极可观，诗亦当是依托之作，盖以自寄怀才不遇之感者。

往在杭州，阅宋吴仁杰《离骚草木疏》。意吴越之与楚中，水土气候不甚相远，得好事者依此遍求而树艺之，为《离骚》草木圃，使游人一目了然，岂非艺苑佳话。

儒佛篇
——凡论儒佛异同及阐明儒佛精义者归之

　　人生聚散本属无常，佛氏归之缘业，儒家安于义命，俱不由私意安排得来，只好随缘随分。有时在义则可，而在势则不可者，事亦难行，故"无适无莫，义之与比"。

　　问《语类》卷十七有云："德既明，自能新民。然亦有一种人不如此，便是释、老之学。"答云：朱子意是说佛老之学只是自私。又下文云"佛说万理俱空，吾儒说万理俱实"，此便是指出他根本不是处。然须知彼教自有了义、不了义之辨。大凡儒家所斥，皆是不了义教，若了义教所示，一真法界无一法非真，此与万理俱实又何能异？若老氏所见又别，此条亦未及之。真不昧，便是万理皆实，法法皆真矣。

湛一是寂，常惺是照。寂而常照是心之本体，即性也。只缘散乱故昏昧，本体隐而不见。才收敛，则昏散之病祛而本体渐显，故敬是最要工夫。由释氏言之，即谓修持法门。敬是工夫，由此工夫复其本体，故谓"成始成终，只是一敬"。

"全性起修"之"全"字，与"全真起妄"之"全"字用法一般。言举体即是此物，非离此而别有也，不可作全其性之义。

"洁静精微"是因地之德，"聪明睿智"是果地之德，故以"教""道"分言之。

佛氏言四大，全是气。吾儒言五行，以配仁、义、礼、智、信，便有理行乎其中。

佛氏之慈出于仁，而至于怨亲平等，流于兼爱，则"厚于仁者薄于义"之谓也。

佛家所谓识，即儒家所谓感。

《华严经》可谓竭两端之教，有合于一贯之旨。

《起信论》"不生不灭与生灭和合，名为阿赖耶识"，与《太极图说》"无极之真，二五之精，妙合而凝"之义相合。

"涵养须用敬"是止，"进学在致知"是观，"未有致知而不在敬者"是止观双修。

江易园标榜儒佛合一，到处讲演，虽亦多所引证，全是意见。虽亦常常劝人，而要之以利为本。每引印光语证儒、佛义，实则印光在彼宗不为高明，说教义亦颇狭隘。

为学工夫，于变化气质之外，应加刊落习气一层。孟子云"若夫为不善，非才之罪也""其所以陷溺其心者然也""乃若其情，则可以为善矣"，是则才也、情也，皆未至于不善也（刚善刚恶、柔善柔恶之说，孟子未尝言及之）。故曰："心统性、情。"性不可见，因情而着，故四端之发，可以见性焉。心之全德谓之仁，见于行事谓之义，施于政事谓之礼乐。义者仁之见于分际，礼者仁之见于节文，智者仁之见于分辨者也。才亦是质。《乐记》"人生而静，天之性也；感于物而动，性之欲也"，此欲不即是恶；"物至知知，然后好恶形焉"，亦尚未到恶；"好恶无节于内，知诱于外，不能反躬，天理灭矣"，夫而后乃成其为恶。故朱子云："圣人说得恶字煞迟。"是故性无有不是处，习气则无有是处，刊落习气之功所以不可缺也。人有淑身自好，视天下人皆以为不足语者，是于恕道有未尽处。刘元城问恕，程子云："扩充得去。"问："扩充得去时如何？"曰："天地变化，草木蕃。"问："扩充不去时如何？"曰："天地闭，贤人隐。"《易》所谓"君子道长，小人道消"，"道"字当作"势"字解，故有消长。以理言之，君子之道无时或消也。曹赤霞先生为《定命论》，吾答云："有正命，无定命。"定命以势言，正命以理言也。势由人造，佛氏谓之业力。业力所感为报，差别万殊，世人目为定命。若正命，即全是性具之理，一切众生无有殊异，何得增减？《易》有不见恶人之义。实则天下原自无恶人，虽在夷狄，其恣意屠杀，要皆由于习气之所陷溺，本心未尝汩没无余。故曰"乍见孺子将入于井，皆有怵惕恻隐之心"，紧要在一"乍"字。此时本心犹存，习气之汩没未遽及之也。今天下人人既皆陷溺矣，君子对之，岂无悲悯之怀？是故君子之视天下，无不可为之时，无不可与之人也。朱子言："道之不明，高者流为佛、老，蹈于空虚；卑者习于俗学，流为功利。"今日之言功利，乃视昔为尤卑。不自反身体究，极深研几，而言"开物成务"，宁非空谈？佛、老虽是异端，今世并无其人；若或有之，当在"得见斯可"之列。程子讥佛氏"自谓穷神知化，而不足以开物成务"。实则小乘之言用以接引下根，故希求福报。朱子《感兴》诗所谓"西方论缘业，卑卑喻群愚"，此本亦佛所呵斥。若夫大乘，如《华严》所言，"行布"即是"礼主别异"，"圆融"即是"乐主和同"，"文殊表智"即是"惟深也，故能通天下之志"，"普贤表行"即是"惟几也，故能成天下之务"。彼此印证，固无往而不合也。昔贤出入老、释，未尝讳言之。吾所以于圣贤语言尚能知得下落，并是从此得来，颇觉亲切。比年颇少道及，亦所谓"返之于六经"。故尝谓儒家唯是圆实，理绝偏小，故无小乘权宗之说，在佛氏唯大乘圆教乃可相应也。

佛书说"人"字，以忍为义。忍者，堪忍之谓也。

说轮回云：执其必有，便是常见；决其必无，便是断见。必如朱子所谓有轮回、有不轮回，双离常断，乃为正见。如《西铭》所谓"存顺没宁"，乃是涅槃境界，方能超出轮回。

《曲礼》"毋不敬"，即是意业；"俨若思"，主貌言，即是身业；"安定辞"，即是口业。

释"众生修十善十戒，则弥勒降生"云：非是心外别有一佛定期降生，此心即佛，修习圆满，便是佛降生也。

问儒家不言出世。答云：出世之说，在佛家亦是权教说法，意在破人执着。《坛经》三十六对，对执有者则说空，及其执着空无，则又为之说有，总非究竟了义。说到究竟了义，唯是一真法界，无世间可出，空即是有，有即是空也。世有视寂灭为可畏，而引为佛家诟病者，皆由不解之故。寂灭并无可怖，孔子所谓"寂然不动"，《西铭》所谓"殁吾宁也"，皆此境界。"宁"字下得好。

佛氏得人为盛，吾儒方之每有愧色。所以然者，盖在不能忘情政治，又有家室之累。虽程朱诸公，未尝不婚，未尝不宦。然自大贤以下，鲜不为所困者。郭文举言"不婚不宦，情欲减半"，其故可深长思也。为学所以增美释回，长善救失，但一有室家，则固有之美往往不得引发，而反以增其回邪。又，世故稍深，不免流于虚伪，事事自立于无过之地，唯恐伤锋犯手，至于漠不相关，遂趋于薄，亦是学者通病。

圣人"三十而立"。立者，确乎不拔，思想自成系统之谓。"可与共学，未可与适道"，共学易言，凡有志于是者，皆可与共学者也。"可与适道，未可与立"，"立"字一字，谈何容易！"狂简之士，斐然成章"，"章"字从"音"从"十"，犹乐章之首尾完具，亦自成系统者，能是乃足与言立耳。"裁之"云者，犹言磨炼。然圣门亦只成就得颜、曾两人；余如子贡、子张，虽具高明之资，不过如此；宰我、冉有正复难言。此成才之所以难也。学者大患在于悠悠忽忽，不能勇猛精进，虽有警策语言，亦只泛泛听过，则终不能立耳。

佛家有四念处观：一曰观身不净，二曰观受是苦，三曰观心无常，四曰观法无我。又有种种观法。如畏死者，可修白骨观，久之但觉所见之人个个都是骨架一幅，便可超脱生死观念。至于涅槃四德常、乐、我、净，则与前记四观恰恰相反，是又高出一层矣。意想所存，环境为之变移，此例甚多。如疮生要害处，西医以镭移之，中医则教人存想另一部位，亦可移转。暑热之中，存想清凉境界，亦是一法。

孟子讲三自反，佛家则说三世。视人如己，又何不敬不爱之有。三世云者，不必定指前生、来生。昨日之我，明日之我，亦即前世、来世也。一言出口，已成过去，亦可视同前世。李长者为《华严合论》，精要语有云："三世古今，始终不离于当念；十方刹土，自他不隔于毫端。"可谓通论。昔有常不轻菩萨，见人辄拜。又有常啼菩萨，以出卖心肝无人过问而啼。吾尝采此意为一印，文曰"常替菩萨卖心肝"。

诸法不自生，不他生，不共生，不无因生。喻如茶杯，合泥与水而成，然求之于泥、于水、于泥水搀和处，皆不可得，须是众缘具，乃有茶杯出现。国家、社会，皆是一种观念。喻如林木，木为实物，林是空名，木之不存，林于何有？《老子》"三十辐共一毂"一章，亦明此义。吾尝为之注释，虽未必悉合老氏之旨，颇说得通。

理是所诠，名是能诠。不假名言，则真理不能显现；执着名言，则醍醐反成毒药。克实而言，儒佛周孔等是闲名，不有证悟，总为糟粕。轮扁读书之谈，南泉题诗之喻，贵在冥符，期于忘言。今时讲说忉怛，只是说老婆禅，安得忘言之人而与之言哉！

问：儒者是否从政？答云：君子未尝不欲行其道，然有可有不可。或出或处，或默或语，无二致也。问：然则道终不得发扬光大，宁非失败？答云：立言是不得已，行道亦是不得已。"天下有道，丘不与易也。"且道之不行，自其迹而观之，可云失败；自其本而观之，则未尝亏欠。即使世不常治，而圣贤爱人之心终无已也。

儒家政治理想，秦汉以来从未实现。其间人主并无圣贤，性情较长厚者，用人稍有选择。康熙略似儒家，汉文、宋真，不过彼善于此。是故儒家理想只有穷而在下者播之文字，庶几有人了解。吾入蜀，书籍总须带去，稍事著述，留下几句言语。

读儒书，须是从义学翻过身来，庶不至笼统颟顸。

说无始无终不来不去之理云：取一浅喻，如画一圆，自起处起，至收处合，不如此，便进圆不成。然既成之后，则首尾何在，无从寻觅。又：方其运指推移而前，去也；究其去向，仍归起处，来也。由前之说，始即是终，无始亦无终也；由后之说，往即是来，不来亦不去也。此须熟读《中庸》《肇论》乃能晓悟。

"爱人者人恒爱之，敬人者人恒敬之"，理自如此。事或不然，则佛家所谓福报不足也。当知吾既爱人，人纵待我以暴，仍当不改吾爱；吾既敬人，人纵遇我以慢，仍当不变吾敬。处事接物，行有不得，皆当责己，勿以尤人。

问：真俗之别，似乎俗情以为同者，真知或见其异；俗情以为异者，真知每见其同。先生云：此在破去执着，独得超悟。破执则俗亦是真，执着则真亦成俗矣。

古德了达生死，示显神通，或倒立而化，或振铎而逝，皆是以死生为游戏，不可为训。故释迦示疾，乃入涅槃；儒家亦皆致谨于临终一息。至其脱然无累，则初无二致也。

问：玄沙谓"雪峰老和尚脚跟未点地在"，何也？答云：玄沙话好，所谓"智过于师"也。禅师家言：对先师半肯半不肯，若是全肯，则为辜负。即如吾学从朱子得力，而说《易》不以为卜筮，论《诗》不主于三家，而宗子夏，所谓"将此身心奉尘刹，是则名为报佛恩"也。

说"无生法忍"之义云：有生则有灭，无生则无灭。一切缘生法，缘聚则生，缘离则灭，此生灭义也。

性德则法尔如然，不常不断，不来不去，不为尧存，不为桀亡，在圣不增，在凡不减，此无生义也。"忍"字训为"堪忍"，处逆境而安之若素，闻大法而恬然不惊，皆是也。饭疏饮水，孔子之无生法忍也；箪食瓢饮，颜子之无生法忍也；启手启足，曾子之无生法忍也。然堪忍亦非全用老氏之旨，如长沮、桀溺者流。"天下有道，丘不与易"，事有不当默尔而息者，则起而与争，乃是堪忍。

《维摩诘经》经文朴实，肇公注文辞华妙，当在郭象注《庄》之上，不可不读之书也。

古人所为不传之学者何？盖即自得之学也。唯需自得，故不可传，故曰"向上一路，千圣不传"。此义当于《圣传论序》中发之。

先生讲《观象卮言三》后，问：午前听讲，试说何处最为要义所在。立民举违应之义；培德对以诐、淫、邪、遁、蔽、陷、离、穷配惭、枝、多、游、屈一段。

先生云：虽亦各知引归自己，然祇会对治悉檀，第一义
悉檀则不会。吾所谓最要处，乃指法身慧命终则有始
而言。见性知命，乃能续得圣贤血脉。孟子后不得其
傅，而濂溪既出，一念相应，便自相续。所谓"念劫圆
融"，"三大阿僧只劫是一念"，虽千年无间也。所以
见性知命之道，则在用艮。艮也者，成始而成终者也。
先儒易之以敬，不敬不能止，故用敬即是用民。止者，
先歇妄念，最后脱生死也。吾昔从义学、禅学翻过身
来，故言之谛当，可以自信。今更为拈出，贤辈将来能
胜过我，当知此言不误也。

摄俗归真，用阳爻；回真入俗，则用阴爻：入泥
入草是也。

论死生云：人虽死，而神识有知，故对灵说法，殊
为有益。佛氏言中阴身四十九日而受生，亦不可定执。
又谓死者顶暖入圣位，眼温四肢柔者生天，胸暖者转
生人道，腹暖入饿鬼道，暖在膝者入畜生道，暖在足者

入地狱。饿鬼得食如吞铁啖针，天帝释视河流如琉璃，饿鬼视之则为脓血。生死苦乐各在当人，业报所感，系缚愈多者，临死苦亦愈甚。至于有道之士，其视生死来去，略无二致，故临危而不乱也。

唐人通佛学者多，如独孤及、权德舆等，不胜指数。大抵唐人多通义学，宋人多通禅学。

先儒辟佛，只就其小乘权教一边说，如去人伦，怖生死，求福报，此殊悖于圣人，自是偏小卑陋之说，不可以是为佛法。若其大乘实教圆顿之义，岂复有别？先儒容有察之未精者，不可以耳为目也。

禅师家有"半肯半不肯"之说，无全肯者。其曰"汝是，我不是"，则绝之之词也。儒家则诐、淫、邪、遁，知其蔽、陷、离、穷，是则是，非则非，绝无调停余地。模棱两可，犹豫不定者，皆所谓"中心疑者其词枝"，见地不到，自是判断不下耳。

问：瞋亦是怒，佛所不许，儒家则"一怒而安天下之民"，未尝根本戒绝，何也？答云：瞋当是忿，儒家亦主张惩忿窒欲。大抵怒在物，因其可怒而怒之。未发之前，鉴空衡平；既发之后，冰消雾释。忿在心，自己着一分去陪奉他的意思，便失之矣。问：怒虽得当，而往往留滞胸中，终日不散，何也？答云：是气动也，所谓"气一则动志"也。

见性非目，执指非月，一切言语，无非诠表。博文有待于人，约礼须是自证，知识只是比量，证悟乃是现量。见烟知火，发白知衰，均是比量；至于饮水知冷暖，则是现量，不容讲说；说道谈义则是圣言量。

科学家言，发掘所见，古石器时代器用粗笨，新石器时代则刀斧等等，刃柄宛然。今则日用所需，战争所凭，日新月异而不已，则此可见人类进步。然人类是生物之一，终当受自然淘汰，归于灭亡云云。不知一方进化，一方即是退化。巧诈日增，淳朴日散，浇漓之渐即起于此。至于认定灭亡，尤坠断见。

弱者趋入颓废，强者恣为凌暴，皆此一念误之。"作于其心，害于其事；作于其事，害于其政"，此之谓也。儒家以人为三才之一，与天地参。"财成天地之道，辅相天地之宜"，"赞天地之化育"，"致中和，天地位，万物育"，天地未尝大，人未尝小。其有自侪于物，随波逐流而不返者，直是妄自菲薄耳。征服自然与财成、辅相之义不同，事固有不可以强为者，儒家谓之"时"，亦谓之"命"，佛家谓之"缘"。缘有未具，时有未至，虽圣人无如之何，故曰："道之将废也欤，命也。"然"仁之于父子，义之于君臣……有性焉，君子不谓命也"，是以知其不可而犹为之。佛言众生无尽，愿力亦无尽。六十四卦终于"未济"，未济便是无穷无尽。"杂卦"终于"夬"，孔子盖有深意存焉。"夬，决也，刚决柔也，君子道长，小人道忧也"。世界总是如此，有暗乃有明，有迷有惑乃有觉有智，有小人乃有君子。五阳在下，是君子道长；一阴在上，是小人道忧。若使一阴亦尽，则为纯阳。无暗亦无明，无迷亦无觉，无惑亦无智，无小人亦无君子矣。大抵常断二见相因而至，唯其计断，所以转而计常。自信死后便休，见坠断见；认定躯壳把握现实，是坠常见。唯其认定一死便休，生前便急需享用，是以便徇欲逐物，执以为真。不知形体无常，刹那变灭，今不至古，古不至今，器物之成住坏空，有情之生住异灭，息息不停，无可执持。庄子言"哀莫大于心死"，实则是刻刻心死，而人之不觉，所以可哀。然根器可坏，而性理常住，不随三世十方相与变灭。撞钟验闻，闻性常在，盲人见暗，见性岂泯（孔子语颜子以仁，亦从视、听、言、动上说，殊可诧异，但读熟不觉耳）。圣人往矣，百世之下，闻风犹有兴起者，则圣人固未尝往也。使吾人所见能得其全，则吾之与圣人无增无减，无小无大。曾谓此身一死，此理遂亡乎？

佛家论报有两种：曰果报，曰华报。果报真实，指现前受用；华报虚枉，指三世轮回。以生道杀人，则王者之师，恭行天讨，有征无战，无所谓报。若夫怨毒所钟，祸乱相寻，遂使一切众生枉受身心大苦。迷者不悟，国可亡，民可尽，而权势不肯弃。总之，以不忍之心出之，则无一不是；以私吝之心出之，则一无是处。孟子曰："道二，仁与不仁而已矣。"何其言之明白剀切耶？

问千波竞起，是文殊境界；一亘晴空，是普贤床榻。答云：千波竞起，名为"差别智"，亦名"后得智"，根本智是不动的。见得根本智，而后有差别智。《维摩诘经》所云"善能分辨诸法相，于第一义而不迁"是也。根本智是理一，差别智是分殊。不从根本上见得，则所见差别未能是当。禅家以文殊表智，普贤表行。普贤万行皆修，而无众生相，无功德相。"由仁义行，非行仁义"，无煦煦孑孑之态，故云"一亘晴空"。行布是礼，不碍圆融，故表行即该礼乐。仁则浑然，义有差别，故表智即该仁义也。

问儒学书目。先生为举百余种如下：

四书：（从略）

《诗》：《毛诗》郑《笺》、《正义》、朱子《诗集传》叶韵之记系未深考、欧阳永叔《诗本义》、《吕氏家塾读诗记》、严粲《诗缉》、《韩诗外传》、袁絜斋《毛诗讲义》武英殿丛书本，《大典》辑出，袁是象山门人、慈湖《诗传》。

《书》：《孔安国传》《蔡传》《东莱书说》《洪范明义》黄道周《经说九种》本，治《尚害·洪范》要紧、《尚书大传》伏生所传。

《礼》：《周礼正义》《仪礼正义》《礼记正义》、《礼书通诂》《礼书纲目》江慎修，三卷、陈祥道《礼书》、《礼记集说》卫湜，通志堂本，两卷、《通典》中"礼议"《礼经会元》《五礼通考》《仪礼句读》《礼记集释》任启运、《仪礼经传通解》朱子、《太平经国书》《大戴礼》庐辨注，孔广森补注，王聘珍解诂，仍欠详尽。

《易》：王辅嗣《注》、《易略例》二卷、伊川《易传》、朱子《易本义》、《易学启蒙通释》通志堂本、慈湖《易传》、《易学滥觞》武英殿本、童溪《易传》通志堂本、《汉上易传》通志堂本、《易汉学》惠栋，《皇清经解》本、《周易集解》李鼎祚，《古经解汇函》本。

《春秋》：《公羊解诂》何休、《谷梁集注》范宁、《左传》杜预注、《春秋繁露》、《胡传》、《春秋师说》赵汸，通志堂本、《春秋集说》赵汸，通志堂本。自胡文定后，唯赵东山汸善《春秋》。

《孝经》：黄道周《孝经集传》。

《尔雅》：郭璞《注》、郝兰皋《义疏》、邵晋涵《尔雅正义》不及郝、《广雅义疏》王念孙、《释名》

刘熙、《经籍撰诂》附、《玉篇》附、《说文段注》、《通训定声》朱骏声、《古籀拾遗》孙仲容。

声韵：《毛诗古音考》、《屈宋古音考》、《音学五书》顾亭林《诗本音》、《易本音》等、《古音标准》江慎修、《六书音均表》段玉裁，二卷、《麻韵》。

宋明清儒学：《伊洛渊源录》、《近思录集释》叶采、《太极图说》朱子注、《通书》朱子注、《正蒙》李榕村注，船山注亦可看、《二程全书》《遗书》最要、《观物内篇》邵尧夫、《朱子遗书》、《语类》、《大全集》即诗文、书问类，约四十卷，最要、《象山全集》、《慈湖遗书》、《阳明全书》、《白沙全集》、《刘子全书》蕺山、罗整庵《困知记》、陆桴亭世仪《思辨录》、《榕村语录》、《杨园全集》、《李二曲集》、《学蔀通辨》、《王学质疑》辟王学为禅，实不知禅，最是误人、《颜氏学记》坠入功利，亦误人。

附文词书：《楚辞》、《文选》、《唐文粹》、

《五朝文》江南局本，《唐文粹》在内、《全上古三代秦汉三国六朝文》严可均。《百三名家集》不及此书、《唐贤三昧集》、渔洋《古诗选》、《杜诗详注》仇兆鳌、太白诗、王右丞诗、高适诗、岑嘉州诗高、岑两家歌行音节最好、韦苏州诗、柳子厚诗、李东川诗全唐诗本、荆公诗、山谷诗、后山诗。

问佛学入门途径。答云：先读杨仁山《佛学三字经》及《起信论直讲》《普贤行愿品》，以次及于《华严》《楞严》《法华》《般若》《涅槃》诸经。丁福保《佛学大辞典》不须买，可备《翻译名义集》，以备检察。

"一故神，二故化"，唯其以天地万物为一体，故儒者欲使物物各得其所。佛氏则兴无缘之大慈，起同体之大悲，其化度众生之大愿，竖穷三际，横遍十方，直不欲舍一众生。虽教相之各殊，然莫非尽在我者爱人敬人之孝悌心而已。知乎此，乃足以明伊川所云"尽性至命，必本于孝悌；穷神知化，由通于礼乐"之言矣。

杭州居士林举行法会，请肇安法师讲经。先生见其礼仪之隆重，因叹曰：礼仪三百，威仪三千，释氏讲会，犹存规模，儒家礼乐，衰废已久，像这样威仪，亦不可得而见矣。

以风问出世入世之说。先生曰：无世可出，亦无世可入。出世入世，都是一种计较。

先生尝谓《华严》可以通《易》，《法华》可以通《诗》。苟能神会心解，得意忘言于文字之外，则义学、禅宗悟道之言，亦可以与诸儒经说大义相通。先生讲六经常引释典经论相印证，如理而说，恰到好处。

先生论佛学有破相、显性二宗。破相宗以破相为主，破相所以显性；显性宗以显性为主，性显自能破相。破中有显，显中有破，故破显不二，性相亦不二。

政事篇

——凡论时政、教育和古今人物者归之

政府领袖如不得人，徒以厉民而已，民亦何赖有此政府邪？

耿天台所为书中，记王龙溪归自都门，往晤王心斋，两家弟子侍从颇多。心斋自候于大门之外，遣弟子迎之，揖让而入。旋同登山，弟子从焉，登临歌啸，各适其适。既而归，心斋设筵相款，宾主酬酢，纵论帝王杂霸之事，弟子听焉。俄而门外喧嚷，遣人视之，则舆夫也，喻而止之。龙溪因言"皇王霸者之气象，今日尽见之矣。"弟子未喻。申之曰："登临之乐，陶然相忘，非二帝之事乎？揖让酬酢，进退以礼，非三王之事乎？怒目恶声，攘臂相向，非杂霸之事乎？"闻者悦服。

当轴虽有意提倡，但于书院之性质未能认识明了，又无魄力，真乃所持者狭而所欲者奢，未足与语。吾之三原则：（一）不隶现行学制系统之内，（二）不参加任何政治运动，（三）任何仪式不阿俗举行。与彼实大相径庭。其关于学术统类，尤非时人所能骤喻。故知其未必能相容，或且以为忤，以为谤己，亦未可知。然彼无如予何，吾自行吾素，不能枉道徇人。书院之成与不成，于道无所加损，于吾亦无所加损也。

昔贤遭乱世，犹可于深山穷谷之中隐居讲学，今日已不可能。故同一处困，为时不同，则处困之道亦异。但心亨之义不可变易，义理所安处即是亨，"求仁而得仁"是也。举世所由皆不仁，相率以即于危亡之途而不悟，言之益深悲测！一身之计，真有所不暇耳。

古人处灾变之礼，如亡邑亡国，变之大者。"国君去其国，则止之曰：奈何去社稷也。大夫则曰：奈何去宗庙也。士则曰：奈何去坟墓也"（文在《曲礼》），此义非今人所知。今人劝人避害为义，不知义当止则止之，义当去则去之。所谓害者，以义为断。义当止而去，则害义；当去即止，亦害义。今吾尚可以去，可以无去，翔而后集，非迂回也。若避乱不成，但有俟命。实则何必择地乃为首阳。困而不失其亨，亡而不失其正。处危乱之道尽此二言，识之！益以衰朽，惮于转徙，其或不为齑粉，尚堪假息衡门，贤辈勿为吾忧也。

衲僧家每谓达摩东来，只觅一个不受人惑的人。吾行天下，亦只明得一义，觉人我之间，本无间隔，但习气差别万殊，浅深不同，卒难与除。若令心习顿尽，则全体是性，更有何事？此程子所以言："我这里只有减法，减尽便无事也。"今学校正是习气窠窟，吾持此术以德，直乃"驱耕夫之牛，夺饥人之食"。然吾不能变其觳率，救得一分是一分也。来此（注：指泰和）已五日，不见一兵，但见平原旷野，清江丛林，老樟合抱，荫及数丈，窗牖洞明，天宇广大。视开化之山水峭急，颇觉彼土逼仄而此则坦夷。所憾者，无叶先生之人物耳。

来此已将旬日，居处一切粗定。但感家具缺乏，无处可借，真如净名空诸所有，唯置一榻，安住而卧然虽家徒四壁，窗牖虚明，天宇旷阔，颇足开豁胸襟，不似在开化时终日如达摩面壁也。吾平生最爱老树，此间随处皆有之，尤多枫与樟，皆数人合抱，百余年物。樟则盘拏如盖，枫则修直干云，各有意态。朝暮云烟变幻，日月出没，凭窗可观。自昔住焦山，三十年来未有此境。所不及者，枕底无江声可听耳。山谷《快阁》诗有"落木千山天远大，澄江一道月分明"之句，吾尝读而喜之。今来此，犹仿佛此景象。若在太平时，亦可卜居，然若非避难，吾亦安得至此？释氏"业风吹动"之说，真不虚也。……顾亭林犹能载书行天下，彼草《日知录》多在行旅之中，吾今日殊不能及也。

自柳州至大塘，颇多平畴，可喜。远山巉崿，不觉可厌。过大塘以上，则山径盘迂陡仄，至庆远，始有平原。虽城市，而颇具乡村风味，在平世亦可居也。

　　大局已成孤注，亦何所容身，将来志事，决不能如梨洲、亭林之安然肥遁，可知也。譬之弈然，全局已无一活子，而犹自诩国手，其谁信之。吾行如得免沟壑，当思如何绵此圣学一线之传，如何保此危邦一成一旅之众，如何拯此生民不拔之苦，此乃今日士类人人当负之责也。乃见闻所及，犹是虚骄矜伐，涂饰欺国故习，岂复有望？不学之害，一至于斯，可哀也已……世间事无定相，业风所吹，不由自主。所能自主者，但审之义理，当行则行，当止则止。至于行止之利害，不能逆睹，不可计，亦不必计。如此，则随处皆可绰然矣。

　　曼倩玩世，梁公屈身，未足语于心斋也。

　　大刑用甲兵，其次用斧钺，非有心于刑人。人之陷于刑辟者，实自刑也，故曰"天讨有罪"。

　　今之习言"永存"，"永存"者，超乎时间。人人觉得有个不能自已，觉得非如此不可，不如此不行，此便是性，便是诚，便是无妄。太极也，无极也，皆此之谓也。然此非初学所知，要在自己体会：又云：虽恶如桀、纣，终有本性发露时，亦是不能已处。方望溪《原人上》揭出此意，可选作国文教材。

唐太宗确有帝王之略，贞观之治可称小康。当时所定书，如《唐六典》开元时定、《唐律疏义》，均见开国规模。《群害治要》《魏郑公谏草》等书，皆可存之作。惜其虽有知人善任之才，而不学无术，家庭父子兄弟之间竟不可问耳。

友人某君当日在杭州教陆军小学，日写小篆、饮酒、作《选》体诗，甚恬澹，颇好议论。尝云：西洋Politics与Policy，Po-lice皆出一源，而Policy则起于希腊之city，citizenship所谓议会，亦即沿袭当时之市府会议。实则希腊之文化，海盗商人之文化也。酒色歌舞，好勇斗狠，故其政治只尚力。中国则政者正也，所以正人之不正也。王者之政，自是以德化为本。虞芮讼田，入境而返。不怒而威，不言而信，无所用力，尚安用警察为哉！

当日言论如此，不意后来一变至是。方其初办刊物，亦只以维持生计，意在标新领异，用以取悦于人。既其骑虎不下，只得变本加厉，此亦始愿所不及料者也。

李长者，唐之宗室。隐居山中，着《华严合论》，多精义。唯语文字处，其说多陋，如荆公所谓"波为水皮"之类。

民族、国家等主义，同人于宗，各道也。

《申报》载美国亚力山大教授（Prof.Hartlay，B.Alexander）在浙大讲演，略谓中国虽需要机械文明，而机械文明一事，实不足以尽人生。西人之于人生，往往不见其全，中国人所见远过欧美，以其能求真、善、美之生活也。大抵单调雷同，便灭杀生趣。各民族各有其文化，应互相了解尊重，而不必强归一律云云。先生云：今日情形，真所谓单调雷同。亚力山大教授之言，不为无见。特彼所谓真、善、美之生活，规当作一件事物，向外求取，便无从得。性者，真、善、美兼具者也。然而合下现成，不待外求之义，恐非所及知耳。

战祸愈扩愈大，将来一切机械多归破灭，人之好杀或倦而知返。《春秋》之义，王者有征无战。须是国联有兵，而各国无兵，乃能保持和平耳。

罗斯福虽亦资本主义者，而力倡非战，冀保西半球之和平，有足取者。问西人战祸之愈趋愈烈，达尔文生存竞争学说有以启之。先生云：亦是推波逐澜。纵无达尔文，亦复如是，以其处处从利上着想也。圣人之言，非彼所知。如武王所谓"万方有罪，罪在朕躬"之义，彼中殆难了解。故对治西人之病，当参用老氏之旨。

客来谈游览。先生因言：瀑布可观不可听，其声暴厉。古人造字，"瀑"字从"暴"，盖有取于是。往在焦山枕江阁听江声，爱其动中有静。又滩声亦较轻松，胜瀑声多矣。

报载丹麦科学家波耳言：研究原子，知虽在细微之物，其中亦秩然有序而不可乱。又言：科学无国界。理有可信，言有可采。

论汉初人物云：萧何、张良辈均不足数。萧为刀笔吏，陈平六出奇计，世莫得闻，总之不出今人金钱收买运动一类伎俩。又如汉武以子少母壮为非国家之福，而杀钩弋夫人，曰："汝不得活！"复语侍者曰："此非汝曹所知，不见吕后事耶？"其为人亦自可知。而褚先生乃盛称之曰："谥为武，岂虚哉！"其陋可笑。

谈战事云：日人自以为求民族生路，宁则以此求生，真所谓斩头见活。中国士气之盛，犹是尊王攘夷之思，先王之遗泽历数千百年而未泯者。为士卒者虽不必人人识字读书，而耳熟焉，而非近几年来某某等几人训练之结果。至于汉奸之多，却是嗜利无耻之训练所致，此则今人所不识者也。

常人之情，闻胜则喜。实则消除战祸，端在哀矜一念。杀念之动，在佛法便是业，是业便有报。蚊蚋嘬肤，一拍而死，出于无心，等于误杀。怒而杀之，便有业报。

战事未可预料，而将来生活方式总须变更。财可私有，产不可得而私有。井田之制不可复，井田之意在均平，仍当取法。物质享受，须是化除悬殊，去泰去甚。农工自食其力，商则消费合作，办法尚为近理。士则劳心，亦须善于教人，非同裨贩，乃为有益于人。今人言生活，虽引车卖浆者皆知养家，家以外能推而及之者实少。须知生活不为一己方好。

此时纵不高谈仁义，但以现代国家而论，如苏俄未尝不肤革充盈，望之俨然，而其腹心之中未必无疾；如中国则百孔千疮，内外交病者也。

谈种族云：女生为姓，先有姓而后有氏。如王氏出于王子晋，姬姓之后；马氏出于马服君赵奢，为嬴姓之后。姓氏书云：十四姓皆出于黄帝。今内地不开化处，犹有两姓械斗之风，结党成群，俨然国际战争之雏形。六朝时代犹有门阀阶级，不通婚姻。自唐兴科举以后，白屋可至卿相，世家或夷为庶人，而阶级渐泯。今大多数人民以姓氏不同而互相歧视者，固已绝无矣。不特此也，吴越当日世仇，今则化为一家。由是言之，则今日国际种族之界限，将来亦终当消灭。意大利人某君着《政治罪恶论》（*Political Crime*），余尝依日人译本重译之，原稿登于《民立报》，未竟。彼意直以为政治便是罪恶。又如罗索对于现代国家亦深致不满，托尔斯泰亦然。所惜者，彼等于中土圣人学术大本大源尚无所见，有如佛经所谓边僻之人不得闻佛法者然。使此等人可以多得数辈，不过三言两语，可以开悟。人人性分具足，非待取而与之故也。

先生由桐庐赴开化避寇，江行多滩，水声时急，滩尽水平，声亦寂然。舟近龙游，先生云：深则平矣。

日本将来之崩溃，当由一部分军人思想之左倾，而推翻万世一系之天皇，预料事亦不远。但中国之危视日本为更近耳。

"支那"之名，不始于日本，佛书中已有之。明人陈士元著《象教皮编》，《学海类编》中有之，释"支那"云"文物之邦也"。

嘉庆初，阮芸台抚浙，时海内承平，公务清简，乃集其督学浙江时所取门下士为《经籍籑诂》，以陈仲鱼鳣主其事。当时涌金门茶肆为文士聚集之所，讨论汉学训诂，皆在杯壶茗肴间。书成，遂为讲训诂者必不可少之典籍。俞曲园生时较晚，亦闻其风而悦之者。前代掌故，昔贤风流，由今追忆，殊足动人向往。

今之中日，犹昔之吴越，今之俄德，犹昔之秦楚。春秋战国之际，纵横捭阖，此起彼伏。由今观之，同是中国，何有畛域？将来世界大同，中外一家，后之视今，不犹今之视昔乎？

三代学制，书阙有间。自汉以来，学制固可考见，而学校从未办好，人才亦从不出于学校。两汉经师均非博士俗学可比。后汉郭林宗颇事标榜，大学生时或干政。魏、晋以降，遂不复有学校，乃以九品取人，大中正掌进退之权，渐成门阀之风。唐、宋以科举取士，而后来国子监以及府县各学，乃至仅存虚名，实无一人，四十年来废科举，代以学校，求其真能化民淑世者无闻焉。吾意学校欲办好，必也主其事者稍知办学之要，慎选人师，日共讲论。至于技术人才，只可别立专科学校，不必于大学造就。

问办外交者忠信不能两全。答云：此言只是随人起倒。今之外交，无非纵横捭阖，更无信义。须知世界不能长此混乱。或云：在此过渡时代，总是如此。答云：所以成为过渡时代者，正以举世颠倒，执迷不悟耳。吾人信念终不可无，第一当信性善，第二当信圣人可学而至。徐徐体究，真有所知，则不至随俗起倒，可以立矣。

诸葛武侯一法家耳，犹知"宫中府中俱为一体"，开诚布公，集思广益。今人则予智自雄，绝无虚心咨询之意。孔子之对哀公曰："惟其言而莫予违，不几乎一言而丧邦乎？"是可畏也！

问制度变革与顿渐。答云：顿渐本说修省工夫。然内圣亦可说顿，外王亦可说渐。

中国学制不能自立，全用抄袭，名词多不妥。如大学有"校长"，不称"学长"。书院之山长，今之讲师、导师，皆出佛经。山长本之诸山长老（讲师则本禅师、律师），日人袭之而不知所自来。中国复袭日本，不待兵戎相见，而国已亡矣！

清廷之于亭林、船山、梨洲，待以宽大，征聘不至，听其讲学。将来中国若亡，虏辈必无如此度量。古人一成一旅犹可中兴，今则不能。颇冀于深山穷谷中，集有志之士，相与致力此学。人数不可多，不预政治，庶免遭忌。然是非所在，固当详论及之，但不可发表耳。又如中土终不可居，则羁旅异域，如昔之马克思，今之爱因斯坦，亦何不可。如能得精通西文人士数辈，可以说明此理，公之于世，庶几或有明眼人，可以留几许种子。故外国文自是紧要，非不可学，但须别于今之所以为教者耳。

问师范国文教材，答云：可选授《孟》《荀》《国语》，《孟子》可多选。因言：保氏教国子以六书，识字在古人是小学之事，今则在大学为专科。《凡将》《训纂》《急就》皆古人之小学教科书，然多枯燥。如以六书授学生，为言象形、指事，自然有趣，唯假借、转注稍难耳。吾意小学教本当用《论语》《孝经》，使了文义，能背诵、能默写。义理不妨稍迟，及其记忆力之强而授之，可以终身不忘。此外则数与方名，择要授之，使通珠算，足备日用。如是，则小学卒业，文理通顺已过于今之大学矣。英文、几何之类，本不必人人学习，徒耗脑力。有志于工程机械一类职业者，可入专校，各就所需选习之，则所学所用不至判然两途矣。

讲学诚不可已，然形式则不必具。书院成否，有何加损？聚人虽多，不必有益。姚兴供养鸠摩罗什，徒众三千余人，而高足弟子不过生、肇、融、睿四人。孔门弟子三千，身通六艺者七十有二，真得闻道者，亦只颜、曾二人，游、夏之伦但能说《诗》而已。释迦福报过于孔子，弟子盛极一时。魏文侯之于子夏，齐宣王之于孟子，视定、哀、季康子之所以待孔子者，殆有过之。吾观近日所接人，如陈百村以军人来问儒学，意态恳挚，如赖振声以历史为理欲消长之纪录，如王驾吾驳陈独秀论孔子与中国，似吾穷居闲谈，无意中亦未尝毫无影响，又何以形式为？

"物不可以终难，故受之以解。"《刘静修文集·读药书漫记》有云"岭南多毒，而有金蛇白药以治毒；湖南多气，而有姜桔茱萸以治气"云云，以譬天将降乱，必生弭乱之人也。

先生草书院简章毕，出示学者，因言：宗教家置身政治之外，故丛林会堂能不随朝代之转易为兴亡。邱长春之白云观至今无恙，而唐、宋寺院犹有存者，且逾千年矣。儒家则每以达官致仕，主讲院中，或名士论政，足以左右与论，遭忌贾祸，书院遂不能久。其为当道所延揽者，又不免望风承旨，同于博士之陋，是以皆不足以治学。此文之作，超然政制之外，经济亦属之社会而不仰给于政府。冀创立之后，可与丛林教会同其长久也。尚嫌时间短促，不及详细规划，得暇当参考《百丈清规》，重立规模。此亦儒家向所未有，所谓"有王者起，必来取法"，不必自我成之也。

北宋王质相太祖，尝言鼻中须能吸得三斗热醋，方可为宰相。太祖在军阀中可谓宽厚，而为之相者其难如是。故钱若水之事太宗，未及四十岁便求引退。可见后世君臣之际无道甚矣。

"五族共和"本是欺人之语，不妨各自为政，而合为联邦。将来世界大同，终须由此而成。亚、美、欧各洲先各自成一联邦，拥戴共主，比于天子。有王者起，百年之后可矣。

伊川语韩持国："当自求士，不当使士来相求。"持国虽未能用其言，闻之犹爽然自失。今则并持国其人者亦无之矣。

　　强敌压境，沦亡可惧，当思所以保存文物，绵延先圣血脉之计。张荫麟谓墨者之巨子即是领袖，弟子数百人实有组织。诚得有心人于今日，可以略仿其意。谋生之道，各听其便，仕宦商贾，一概不加限制，但须有聚集之所。生事无忧者，以其所余供养大众。而所为大众者，亦皆求力能自给。百工之事，不待外求，庶几退足自存，进可以移风易俗、淑世救人，此中最要一事为不争政权，否则必不容于今之世矣。

　　兵之为物，只能备而不用，用之则危，故曰"圣人以此毒天下"。先儒于"毒"字曲为之解，唯伊川《易传》以"害"字释之为得其义。用兵焉得无害！

　　川中以产药名，而求药于肆，乃往往不可得，得之亦每不堪服食。药材遍山野，而人多不识，识之者乃在田夫野老，缁衣黄冠。彼其伏处岩穴，不与人世相交接。樵苏之余，时有所得，仅以自服，或以施人。其意未尝不美，惜其于种植之方，培养之道，种性科别之要，不加之意。加意于花木者，乃在大学生物系，而其心思之所营注，又仅止于种植培养区分而已，于其用途，则未尝尽心，无怪货之弃于地也。古人卖药，传为美谈。使吾人能自辨药物，躬亲种植，不唯自用，兼可济人。乱世能是，足以自活，较之仰给嗟来之食，岂不大佳。天下事可为者多，但不遇有心人，终于无可奈何耳！

书院讲义理，违俗好，相去太远。吾尝思之，舍义理而谈词章，亦可以专明诗教。然词章亦岂易治？先须熟读古籍，经部必不可少，次则《国语》《老》《庄》《楚辞》《史记》、两《汉书》《文选》，皆当熟。熟于两汉文字者，可以明文章体制。然讲师亦难其人，吾一人力有不足，只合杜口。此有近于老氏之旨，不得已而遁于二氏，后之人必有以此议我者矣。

浙江图书馆有覆刻北宋本《四书》，余借取一观，并不甚好。后记并姓名而无之，当是坊本。宋本不必尽善，世人每视为古玩。傅沅叔自言近得《周易》单疏宋本，书只两册，二三百页，至以万三千元购之，而津津乐道，以为宋本以经为贵，经以《易》为首，而单疏又为海内孤本，日本人各经单疏本皆有之，独缺《易经》，吾今得之，书目增光不少云云。此等人只知版本，校勘且未之敢许，题跋且不尽通，书之内容则不问也。张菊生跋张子韶《孟子传》，但云书经朱子评驳，遂至湮没，今复得以问世，引以为幸。至于两家是非，可以存而不论云。既无真知灼见，亦只得存而不论耳。

先生当论中国与夷狄之辨曰：分中国与夷狄，不可专从地域与种族上计较。须知有礼义即是中国，无礼义则为夷狄。夷狄尚知礼义，则夷狄可变为中国；中国人不知礼义，中国即变成夷狄。内中国而外夷狄者，乃重礼义而轻视非礼无义之谓。由此可知，区别文明与野蛮，亦当以有礼义、无礼义为准。有礼义谓之文明，无礼义谓之野蛮。非曰财富多、物质享受发展快便是文明也。

先生曰：我为学得力处，只是不求人知。

师友篇

——凡有关师友谈论与行事者归之

一九〇三年，吾以主办留美学生监督公署中文文牍事出国，与英文文牍张君日相过从，为说唐诗意旨音节，张以英文译之。既出版，风行一时，张遂为闻人，老于美国。闻傅兰雅回国后，在某大学讲中国文学，乃用《平山冷燕》为课本云。

叶先生此次来书，词旨较前详婉，似刻意为之者。然只守旧时见解，于吾言初无所动。其曰"不忤众以招尤"，仍是计较利害之私。争传、记、论之名，及云集部难以分统，乃目录学旧习，故仍以变乱目我。吾非见得端的，岂轻为是言？博涉如叶先生，不唯不见容纳，乃益以坚其壁垒。甚矣，成见之难除也。然中间论鄙诈漫易之心一段却细密、有体验。引吕张规朱子书，乃正是其不及朱子处。此事要人承当，暖暖姝姝，只是承当不下耳。

《宜山会语》才出一期，向后如尚容续讲，皆用此鞭辟入里之言，痛下针扎。虽明知扞格不胜，吾自尽吾诚，且不为一时说。视在泰和所讲者，用处又别，却望勿视为老生长谈也。

天寒，微感不适，讲稿未成。今先奉三纸，向下福、极二目（《洪范约义》讲稿）或今晚可以脱稿，容当续奉。经旨深微，犹憾未能显发，力求易喻，一廓俗情。此亦先儒未伸之义也。

问：师友讲习之时，曾晳却鼓瑟，而又听三子言志，其于"主一无适"之义，不亦稍疏忽？而黄氏以为"莫非天理"，何耶？答云：圣门讲论气象，不似后来之重形式，鼓瑟何妨？瑟音甚稀，亦不碍他人言语，黄氏之言是也。必如贤言，不免作意。向举王心斋宴王龙溪故事，所谓一日之间，具有二帝、三王、五伯三种时代，如曾点气象，正属二帝时也。

客来漫谈，上天下地，历一小时之久。先生告之曰：如君所谈，犹是名象上事，须是见得"至赜而不可恶，至动而贞夫一"，方能易简。问"易简"，告之曰：《易》有三义，曰变易，曰不易，曰简易。于变易中见得不易，便是简易。又曰：学贵知要，贵信古。平生所见友朋好学深思者，往往不知要、不信古，卒无所成，殊为可惜。客去，先生云：此人肯用思，可惜无师无友，所谓"思而不学则殆"。彼自以为天眼通，实则离魂病耳。

曹子起来书谈命，有云："一切皆由命定，人于其间更无自由分。汤、武不得不王，桀、纣不得不亡。"先生答之云：开物成务，拨乱反正，皆在人为。汤、武不王，不失为汤、武。因言：曹书之失，在于以势为理，以势为命，读书未细而又惑于近人言论也。

每日亲书策时间较多，不言涵养，涵养自在其中。

但求心缘义理，加以体究，不必泛览杂书，以博为能。考据学家学而不思，如曹先生者，则又思而不学也。

曹书有涉及封建处，实则柳子厚《封建论》便已错误，颇近于近世社会学家之说。而亲亲尊贤之旨，则柳所未解也。

先生尝患疝症，门人往问。因言：中医谓疝有七种，时上时下出没无定者曰狐疝，睾丸肿胀者曰癞疝，又分两种：左肿者病属血分，痛多肿少；右肿者病属气分，痛少肿多。谢寿田医师请以花椒小茴香炒热置袋中，敷肿处，两袋更叠。或谓文旦皮煎水烫洗有效。大约文旦不及香橼，以其香气更烈也。

唐人说部记明皇幸蜀时，赏识一官。其人后从安禄山，明皇闻之大怒，举剑挥其影像，其人之头同时落地。此是寓言，自然不可附会。吾尝以问叶左文先生如何会。叶先生毕竟不错，答云："才明彼，即晓此。"又尝以语肇安法师，云是两边都断，渠亦肯吾言。圣贤言语本活，学者看来所以隔碍者，只为自己心尚未活耳。问如何乃能活，先生云：只有读书穷理。问着力处，答云：须是处处反之于己。熊先生《新唯识论》中论活义一段甚好。

刘申叔言郑康成乱今古文家法，实则此是康成长处，以其不拘于一先生之说也。康成陋处，乃在杂称汉制，用以说经。

熊先生近答意大利某教授论《老子》一书，所见更密，视前有进，颇有益于学者。长处已覆函告之。唯以御侮自卫论身，以便利交通说御，未免太浅。古人射以观德，御亦自有法度。孟子"范我驰驱"之说，可见礼乐亦在其中。又如蒋百里论井田之制，以为游牧民族进而务农，意在以此出兵车，为固定自卫之计。实则圣王之大经大法，亲亲尊贤之精义在焉。后之人不明乎此，自柳子厚《封建论》便已错起。今之治经学者皆视为考证古代社会制度之资料，以此治经，去之远矣。寓兵于农，非是绝无此义，但此义甚小，不可以为根本用意所在耳。

说道殊不易。如熊先生文字，可谓善达。然其所说未必即合《老子》之义。如以精神为无，形体为有，皆未必允当。释"常有欲，以观其徼"，以"徼"为求，亦不是，"徼"只作"边"解。

论杭州王理成居士云：修习密宗之人，似注重色法，少言心性。《宗镜录》亦非初学所能读，教人以此入门，近于夸诞，不如杨仁山教人读《起信论》之切实。又云：密宗对治今日科学家之断见，亦有用。

叶左文先生覆书有"欲托古人以不朽"语。先生云：此是败缺。名心不尽，不可以语道也。

先生出示陈撄宁先生来书，略云：武器日精，而血肉之躯不强反弱。敌人凭藉物质，能具神通，而吾辈无之。衡情酌理，岂得为平！是以决计入山为修炼之计云云。因言，彼所谓神通，实即力量，其所欲修炼者，亦不过更大之力量而已。不知日人好杀之惨，起于一念，将来能止杀者，仍在一念之转移。苟非自己觉悟，微特西洋各国空言无补，纵其以实力制裁，亦复何济？

先生说名医陆辅平（佐庭）论医云：居今用药，与古有别。自煤、电等代木材为燃料，而热病渐多。电灯虽较便利，而近视眼渐多。肥甘浓脆多伤肠胃，汽车、电话多伤听力。以视古人鸣鸾佩玉之和声，相去远矣。其论养生之要，本于《内经》而归之于心气和平，是艺而近于道者也。论古文云：三代、两汉之文醇厚尔雅，读之使人心气和平。韩昌黎号为"文起八代之衰"，而骋才使气，读之令人发扬踔厉，三苏尤甚。然八家之文，犹可比于陈酒。降而为桐城派，则气味弥薄，直新酒矣。因言朱子尝说《楚辞》久读使人忧，而《左传》之文读之久使人计较利害。文如《楚辞》《左传》，不可谓非造极，然读之犹须具眼。陆君之说与此为近。其人晚而好学，手不释卷。闻先生言，始读佛经，沈浸巨典，每读一书，辄能举其大要。晚年醉心《华严》，每与接谈，恒觉其有进于前。"士别三日，刮目相待"，真足当之矣。惜其年寿不永，殁时仅五十有七云。

谈清末民初掌故云：汤蛰老以参盛宣怀得罪清廷，退隐林泉，实与革命党人并无渊源。浙江民军起，执巡抚。旗营将军某方图抵抗，旗人有桂某者，留学东瀛，有新知识，实为领袖，将军不过纨绔子耳。桂氏扬言，如蛰老督浙，当即降伏，民军亦从而强之。为保全地方计，乃允其请。既而桂竟见杀于民军，蛰老愤而去职。南京临时政府收罗人望，拟以为交通总长，以蔡孑民长教育。蔡君邀余作秘书长，余至而废止读经、男女同学之部令已下，不能收回，与语亦不省。又劝设通儒院，以培国本。聚三十岁以下粗明经术小学，兼通先秦各派学术源流者一二百人，甄选宁缺毋滥，优给廪饩，供给中外图籍，延聘老师宿儒及外国学者若干人，分别指导。假以岁月，使于西洋文字精通一国，能为各体文词，兼通希腊、拉丁文，庶几中土学者可与世界相见。国本初张，与民更始，一新耳目。十年、廿年之后，必有人才蔚然兴起，此非一国之幸，亦世界文化沟通之先声也。蔡君河汉吾言，但云时间尚早，遂成搁置，而余亦去。时方议定学制，欲尽用日本规制为蓝本，为荐叶左文、田毅侯为备参订，亦不能听。使通儒院之议见用，于今二十六年，中国岂复至此？今则西人欲治中国学术者，文字隔碍，间事移译，纰缪百出，乃至聘林语堂、胡适之往而讲学，岂非千里之缪耶？

先生寓船形岭黄宾虹家半月，临行送房金，主人坚执不受，出纸求书。为写联六对：曰"负暄候樵牧，服食求神仙"；曰"家风勤稼穑，福泽盛儿孙"；曰"躬耕犹古法，谈艺属天才"；曰"云开日现，雨过天晴"；曰"宴坐冰霜窟，调心虎兕边"；曰"有濠濮间想，是羲皇上人"。

先生谈叶左文先生生平，闻之肃然起敬。其略云：

清末赴广东，为盐大使。累考，膺首选，为运署文案。稍稍致力究盐政，知陋规病民蠹国，即决然舍去，同事多笑其迂。事父以孝称，家业悉以让其弟。尝师陈介石先生，与马夷初同门，因得纳交于先生，始读程朱之书。尝在杭同读《论语》，取何晏《集解》、皇侃《义疏》、邢昺《疏》、朱子《集注》《或问》《精义》、南轩《论语解》、赵顺孙《四书纂疏》、胡炳文《四书通》等共十一种，并观之。每日不过数章，午前诵习，午后相与过从探讨，颇饶讲习之乐。后赴北京图书馆任职。其校《宋史》，亦由先生为发其端。以为宋一代文才最盛，而脱脱以蒙古人任总裁，纂述胜国事迹，谬误抑扬，均所不免，以故《宋史》成书最为芜杂。又宋人文集现存者多，取资不难，馆中又藏有元版初印本，最为精善也。闻除《律历志》系专门学术，未能推算外，全书校勘殆已卒业云。（谨案：此稿后因日寇空袭开化被毁。抗战胜利后，重新着手，又十余年。叶先生旋归道山，遗稿竟难访求。惜哉！）

义乌人陈榥，字乐书，与何燮侯同学于日本，为中国第一批留日学生之翘楚，习炮兵工程科，归国后，初出《物理易解》，风行一时。既而治哲学，为《成心论》，精思十年，始肯下笔。大旨由物理而及生理，由生理而及心理。其著书不须参考，唯长日苦思，大其室，几席地板之上，稿件触目皆是。每以示我，以为能知其书而是正之者，一人而已。殁后，其子以遗命出全稿请为润色，兼求作序文。其稿犹存汤庄稿纸箱中。

禅师家言："老老大大，俗气也不除。"脱尽俗气者，谢先生足以当之，虽和光同尘无碍也。

谈谢无量先生云：平生所遇友朋之间，天才之高，莫能先之。对人从不作庄语，其教书门类甚广，马克思辩证法之类，夕披览而朝讲授。其著书信笔写去，而文字工整，少有能及之者。尝言孙中山得力唯在Henry George：*Progressand Poverty*一书。

　　叶先生言曹子起说心，以为不假安排，自然流露者，便是平常心，言之太易。"平常心是道"，平常之义，曹先生说来确是太易。"平常"云者，不变易之义，即"不易之谓庸"也。

　　叶左文先生问："克己复礼"一章，程、朱两说不同。程子说"为"字作"是"字解，言克尽己私，方始是仁；说"天下归仁"曰"事事皆仁"。朱子说"为仁者，所以全其心之德也"，"天下之人皆与其仁，极言效之速而大也"。应何从？答云："为仁"二字，程子说个体段，朱子重在工夫。"归仁"二字，程子说是自己边事，朱子说是推言其效。但不见体段，工夫亦无从施，故程说较为直接可从。然朱子既载其说，则亦非于此义有所忽略，特为学者说，故将工夫一层特别注重，于学者亦自有益。

　　叶先生言：士生今日，忧患倍于古人，责任亦倍于往昔，而今人殊无刚者，绝少壁立千仞气概。先生云：刚不可以袭取。气质所生，固有刚善。然如曾子所谓“可以托六尺之孤，可以寄百里之命”，其刚乃在于一。唯学力到后，事理了然无一毫疑惑，故能直下承当。

柳翼谋先生谓史以明因果，其说信然。但云以明人类生存竞争之因果，则未为允当。生存竞争云云，全是西人口气，春秋时代尚不尔，战国较为近之。顾春秋已是乱世，岂足为法，圣人书之典册，为拨乱反正计耳。又谓人造历史，历史造人，亦不及“英雄造时势，时势造英雄”尚说得通。历史自然而成，岂由人造?

王伯沆先生瀣，有孝子之称。刻苦自励，博闻强记。比至泰州黄先生之门，先生语之云：“汝自以为博学多闻，到我这里，全用不着。”又云：“汝以刻苦自喜，以吾观之，此正是汝病痛所在。”黄先生之教人颇有禅师家本领，盖欲为之刊落净尽也。

谈梦云：梦寐之中，亦可自验所学。至人无梦是惑尽，愚人无梦是障深。《世说》卫玠问梦于乐广，广曰："想耳。"玠思之不得其故，为之瘦损。广因喻之云："何不梦乘高轩、游鼠穴？"可见梦境由想而生。吾亦有梦而不杂乱，或梦中吟诗，醒而颇能忆其词句；或梦谈义理，醒后思之，有平日讲说所未及者。是亦气志不违之验。

以风始谒，以邓伯诚先生手书为介，而熊先生之相识又因以风。时熊先生方养疴广化寺。一日，以风来，出《新唯识论》稿本数页并熊先生书，略无寒暄语，直说就正之意，且云"有疾不能亲来"。唯时虽不相识，喜其坦白豁达，越日自往访之，亦无应酬，便对坐谈义。见有不同，各尽底蕴。从此契合，遂为知交。比《新唯识论》属稿有不自惬处，辄请改定。予当之不让，渠亦从之不疑，其服善之诚，盖虽古人不可多得。然《新论》知之者少，渠亦自知更无第二人可与参究。此无他，彼所知者我亦知之耳。

熊先生自言三十余岁以前犹是常人，革命军兴，亦尝荷枪驰驱，置身卒伍。当时已知军纪不严，必不足以有成。后读船山书有得，发愿立志，前后乃判若两人。即如最近来书有云："听讲者纵不能遽有所喻，望以悲心摄之。"其用心之厚，良可赞叹。

谈熊先生所论四科云：孔子教人非是原有四科，但门人记述，就相从陈蔡者各有所长而分之耳。离却德行，岂有言语、政事、文学耶？义理以当德行，自是允当。但以拟之西洋哲学，彼虽亦言真理，终是心外有理，不知自性本具，非从性分中流出者。言语属之外交词令，殊不尽然，外交词令类纵横家言，如今世所谓雄辩之学，古人无是也。经济自可当于政事。文学比以词章，其义殊小。《论语》云："子以四教，文、行、忠、信。"文者六艺之文，行者六艺之道，忠、信者六艺之本也。游、夏以文学称，亦以诵习六艺之文为最熟耳。

　　民初识月霞法师。月霞初受哈同供养，办华严大学于哈同花园，僧徒从之者百数十人。既而罗迦陵生日，欲使僧众拜寿。月霞以沙门不礼王者，拂袖而去之杭州，生徒悉从焉。因假海潮寺为校址，聘教授，程演生、陈撄宁皆与焉。其后应袁氏召，入都弘法，不果而还，养疴于清涟寺，未几圆寂。封龛时，吾往吊，因识楚泉法师，听其说法脱口而出，自饶理致。诵偈有云："水流常在海，月落不离天。"自后颇与往还，时相谈论。是时吾看教而疑禅，尚未知棒喝下事。一日，楚泉为吾言：居士所言无不是者，但说天台教是智者的，说华严教是贤首、清凉的，说慈恩教是玄奘、窥基的，说孔孟是孔孟的，说程、朱、陆、王是程、朱、陆、王的，都不是居士自己的。其言切中余当时病痛，闻而爽然，至今未尝忘之。因取《五灯会元》重看，始渐留意宗门。楚泉为吾言：居士看他书尽多，不妨权且搁置，姑看此书，须是向上一着转过身来，大事便了。又云：

棒喝乃是无量慈悲。当时看《五灯会元》有不解处，问之不答。更问，则曰：此须自悟，方为亲切。他人口中讨来，终是见闻边事耳。吾尝致彼小简，略云：昨闻说法，第一义天萨般若海一时显现。楚泉答云：心生法生，心灭法灭。心既不起，何法可宣？既无言宣，耳从何闻？义天若海，何从显现？居士自答。其引而不发每如此，楚泉而后，又有肇庵，见地端的。吾常觉儒门寥落，不及佛氏有人。以前所见，求如此二人者，殊不可得。太炎无论矣，灵峰辟陆、王，然当时并无陆、王，近于无的放矢，门户之见犹存。熊先生确有悟处，然其得力乃亦自佛学中来。自余虽不乏勤学稽古之士，大抵滞言语、泥文字，口耳之学，终不亲切。吾今日所为讲稿（编者注：指《泰和宜山会语》），虽不敢自必毫无渗漏，然朴实说去，更无文字习气，言之不苟，庶几胸襟流出，语语亲切。如是方可读书，方可立说。昔人所谓"六经皆我注脚"，亦此意也。

马君武在日本时，曾出小册子曰《新文学》，创刊号多载余诗，《哀希腊》等篇见于第二期。彼所为诗，亦如苏曼殊，只凭天才，非有学力也。

客有谈及饶汉祥者。先生云：饶欲效陆宣公而不及。宣公之文虽弱，而恳挚悱恻，足以动人，所谓"修词立其诚"也。饶氏徒为绮缛而诚不足，体制亦卑，可以为所司掌书翰而已，决大计、断大疑，彼乌足以当之？

胡适之在中国公学为马君武弟子。马年十四五时尝读书于万木草堂，与康南海亦师生也。胡君生得一双好眉毛，平生所见眉毛分彩人鬓者，当推第一。惜其只能作考据文字，论断又弱；近年对国民党又一变其批评之态度而为投降耳。

贺昌群问玄学、义学书目，既为列举，复作题端，为溺于考据者而言，故重在得意忘言之旨。

溧阳彭逊之，读书甚敏，尝假以《伊川易传》，两日夜而毕，签注百余条，其间有长篇大论。又著书说《易》，日课一卦，两月而毕。据《先天圆图》说消息转变，颇发前人所未发，足成一家之言。詹允明曾为写印数百部，今不可得，各省图书馆中或有之。

熊先生自言立志之后，视前判若两人。学者不肯负荷，只是志气不立。志者，心之所之。"志于道""志于仁"，则一切习气廓落净尽，自然担负得起。

曹子起先生为人真切笃厚，初见海陵黄先生时，已逾四十岁，倾服之下，毅然弃官从之学。居杭州时，尝伏案大哭。庖人问之不答，骇极来告。趋往视之，则是日值其先君忌日也。先生少孤，生不识父，故有所触发，遂不能已如此。生平绝无计较，绝无盖藏。尝曰：平常心便是中庸。友朋或少之，视为肤浅，不知失之者乃在彼而不在此也。其家居，德化足及一乡。遇饥荒兵事，乡人唯先生是赖。先生亦毅然自任，略不畏葸，多所全活。颇有墨家精神，求之今世，不可多得。

先生有答曹子起先生书，曹先生来书意主定命，以为人无丝毫自由分。先生则云：有正命而无定命，当循理而不贵势。主宰是理，流行是气。作得主宰，方为尽性至命。主人翁常惺惺着，岂可无自由分？

清人说经，吾于廖季平有取焉，以其有思想，有眼光，不拾人唾余，独抒己见也。所惜者，彼但留意制度，而不及义理耳。

王壬秋所为《湘军志》，文辞典雅，近于《汉书》。

海陵黄锡朋（葆年）先生善为教，弟子逾千人，自商贾、农圃、武夫、负贩、僮仆之属，无不与其进。其术多方，不必皆识字。受其教者，辄有以自异于前，乡党称孝悌焉。曹赤霞先生言：黄先生厅上悬一联云"尧舜之道孝悌而已矣，夫子之道忠恕而已矣"。有毛先生者，与黄先生同学于李晴峰，年长于黄。尝馆于其家，每据床对坐谈论，弟子列坐旁听，后至者不能容，则立户外。所论或不合，毛先生或未喻，黄先生每怒斥之云："汝年髙乃尔，何犹不解此！"时或拂袖退，毛则望其位拜之，语弟子曰："黄先生非我所及也。"其服善如此。曹先生又自言，初见黄先生，尝同饭，有虾仁汤，曹先生素不留意饮馔，以箸探之，屡探无所得，黄先生责之曰："此汤也，宜匙，而子乃用箸，心不在焉，不知其味。此虽细事，亦须学也。"门人奉茶者双手表敬而茶溢，教之曰："此宜只手，汝徒知敬，而未知进茶亦有道焉。"有商人某，从之廿余年，在同门为先进，虽货殖，而气象彬彬，不类贾客云。先生好谈谶纬，说经书，每以神仙家养生之术释之。又尝以冯道为圣人，此则不可为训也。闻李、黄之为教，弟子依之以居者甚众。或仕宦而禄入丰，则月俸巨款，或盈万金，款到，辄以分润贫困，隐然有均产意。当时淮军下级军官隶其门者亦不乏人云。

　　黄先生门下有王怀清（名字记不真）先生，似曾得第仕宦，晚年授书于上海工部局所立小学。吾尝偕钟钟山先生访之，气象乐易和蔼，黄门称之为颜子。曹赤霞先生气象亦尽恺悌，人所难及。

术者言：吾寿不过甲申、乙酉，老而安死，亦无足戚。平生保啬精神，数十年不近妇人，体气虽衰，精力犹足。愿以余年从事撰述讲说，兼图刊刻典籍，饶益后人。所冀战事早定，道路无阻，得以归骨先垄，便当无恨。明知魂魄无所不之，而自念无后，殊不愿终老蜀中。实则自真谛言之，孔子之后，绝非衍圣公，当日则有颜、曾、思、孟，后世则濂、洛、关、闽。韩文公所谓"轲之死不得其传"，自是实语。绝而复续，千载犹旦暮也。吾自知于圣贤血脉认得真，有所撰述，辄有精力注于其间，必不磨灭《讲录》虽限期急就，皆耗精力不少，《洪范》尤煞费心。然于守先待后之事，自唯只能做先驱，深望贤辈能继我而起，使斯道日进于光大也。

万慧法师居仰光久，先生欲延请来书院，已有成说，既而不果。先生云：不来亦无不可，何处不是仰光，必谓此胜于彼，是犹游于方之内者也。

举坐化故事，因言：吾虽孤独，以世法言，当觉愁苦。顾吾开卷临池，亲见古人，亦复精神感通，不患寂寞，此吾之绝俗处。但恨不能喻之于今人，无可与语，是则吾之所谓孤独也。

平生于人无大辜负，梦境呓语亦往往讲学说理。意者，纵不必坐化，固当无所苦痛。否则临终之时，前尘一一涌现。虽耳目不复记忆者，亦均如演电影，业报所感，苦痛实深。此垂绝复苏之人所亲见，非同臆测也。

谈及赵尧老，先生称其读书多，吐属雅，毕竟不凡。对时事虽愤慨，而语多含蓄。尝语陈石遗，谓晚年当以持戒相勉，诗人易堕语业而两舌尤甚。石老不以为然，而尧老终守持戒之说。

蜀僧大休游杭州，居圣水庵，庵在云居山。颇嗜酒，偶亦食肉，未尝谈禅说法。稍解艺术，然诗不如画，画不如琴，琴亦不高，但有不衫不履之趣而已。吾未之奇也。既而去之苏州居焉，或问之，则曰："杭州居士笑我食肉，苏州人尚不我弃，吾故去彼而来此也。"一日具酒宴，邀居士作雅集。酒酣，请观其生塔，众随之。至则人塔端坐，久不出。视之，已化矣。故知载籍所记，实有其事，非臆造也。

近人碑志文字，王壬秋、陈散原俱谨严。太炎文字工而断制或率，欧阳竟无气势盛而法度或乖。以吾所见，今之能文者唯谢先生，余则吾不知之矣。

叶左文先生早年亦峻急，其气象凡三变。读书多，故有变化气质之功。行履笃实，宜可以讲义理，惜其老于校勘耳。问：行履笃实，入理宜不难，而或不然，何也？答曰：多是为习气缠缚耳。

老年多是脾弱，服食滋补，益于脾阳者或伤其阴，益于脾阴者或伤其阳。糯米炒粉香而不腻，可以补中益气。喜食糖果，亦是脾弱故，须益之以甘枣。枣性温和，桂、附则恐猛烈，不宜多服。

旧相识有潘法曹力山者，肯读书，亦颇能文。尝与章行严论辩法理，数有往复。既还北平，颇思哗众以自见，其后乃不顾行检，竟无所成以卒。士生乱世，虽偶有才华，往往不得其养，至于夭遏。今则环顾一世，言政治法理者，求潘氏其人亦不可得矣！

弘一法师天才不及安仁，而持律守戒，一事不苟。由今观之，成就乃有过之。故知此事唯在躬行耳。

楚泉法师发愿立居士林，杨仁山先生发愿设金陵刻经处，皆了心愿而去。战后文物凋零，书籍难得，刻书自是当务之急。无如世无其人，今非其时，吾辈亦无此力，但当存此区区之意，期之将来耳。

吾定五号为讲期，自有义在。十即是一，故数穷于九，而五居中。皇极位次于五，亦是此理。

以风尝在先生座前推重熊子真先生，并以其新著

《新唯识论》呈阅，先生深为赞许。乃于一九二九年，至广化寺往访。二先生相见甚欢，并极论常变之理。熊先生主变，先生则主变中见常。

一日，北京大学哲学系教授黄建中谒见先生，谈论矛盾义。先生曰：从矛盾中见不矛盾，方是哲学最上乘。

一九三二年梁漱溟先生谒先生时，先生问梁先生最近做何事业。梁先生因谈论乡村建设之理论与心得，滔滔不绝。既出，先生谓以风曰：梁先生有辩才。因举《周礼》"乡三物"之说，先生曰："乡三物"六德居首，此义甚大，近时政治家尚不足以语此。

弘一法师精《华严》，素与先生为方外交。法师圆寂，塔于西湖虎跑寺。癸巳七月，先生游虎跑，并寻弘一法师塔，赋诗曰："塔样今谁觅，书名久尚传。青山空满目，白浪竟滔天。暑人双林灭，人来百鸟先。残僧知热恼，十斛与烹泉。"

教学篇

——凡教育学生言论及答问、批语等尽归此类

问身心修养之书，曰：《论》《孟》最要紧，《近思录》亦不可不读。

程子言："教学者如扶醉人，扶得东来又西倒。"实则醉人一醒，便不须扶，不似病人一身病痛，难以为力。至于死人，则更无可说，任何力量，均扶他不起也。

渡河须用筏，亦因地之象征。昔岩头尝自操舟，有人欲渡，则舞棹而去。何处非神通妙用？事事皆可作如是会也。

洞山不病者公案最好看，仆尝于此得力。每遇病时，饮食可废，而言语不废，有不病者在也。

此理粲然，常在目前，触处即是。但说取一尺，不

如行取一寸，方见效验。吾不愁吩咐不着人，但患无人承当耳。

大凡说义理，举即有，不举即无。义理决不在言语，言语直饶说得分晓，全不济事。此在日用间逢缘遇境，不自放倒，随事勘验，自心义理必渐能显现，然后应物无差。但一有自是之念存，则全被障覆，故不能发用，而成颠倒，徒增烦恼。只在日用上恒思尽分，尽得一分，便有一分受用。所以造次颠沛必于是，不是难事，但切勿自许为已能日月一至便休，此最是障也。

先生谈某年与友人游天目山遇盗事，因言：程子云"目中有妓，心中无妓"，不幸而遇盗，亦只当目中有盗，心中无盗。"戒慎恐惧"之"惧"，惧一己之或有过疚，惧在内者也。若夫祸患之自外至，则安足惧？此戒慎恐惧之所以无碍于勇也。

谈义贵在契理，尤须契机。契理则在说者，契机则在听者，故契机为尤难。理固有一再俯就，转失其真者。雅俗共赏，谈何容易！

心湛好与后生讲阳明之学。阳明学亦当从躬行体验入，而心湛乃以杂志导之，恐后生唯务口说，堕标榜。故因其来书，颇与箴砭。心湛年已六十，吾已悔其言之晚。此书前半段言虽约，颇有义，可录底存之。

顷答颂天一书（编者注：见《尔雅台答问补编》），送与贤辈一览。孤掌不浪鸣，亦是答在问处，举即有，不举即无也。

培德尝请辞书院事务兼职，先生不许。为说金牛长老作饭头故事，又引庞居士语云："神通及妙用，运水与搬柴。"因教之云：古德有言，"邪人说正法，正法亦是邪；正人说邪法，邪法亦是正"，此语颇不易解。吾尝浅喻之云：雅人作俗事，俗事亦是雅；俗人作雅事，雅事亦是俗。更易言之：乐人做苦事，苦事亦是乐；苦人作乐事，乐事亦是苦。学道人须是无所拣择，无所退避，方是气分。似此既不能弘，又不能毅，"任重道远"之谓何？吾自度余年无几，犹冀圣贤血脉不从此中断。贤辈从吾虽久，熏习则不无，悟入则尚早，虽亦读义理之书，仍是视同知解，不能相应。《易》言："精义入神，以致用也。"致者，推极之谓。常人言用，多指功业，不知自心大用不外视听言动、饮食起居，但能入神，自然显发。今则义之未精，神鸟从入？吾为贤辈言无不尽，此是真实相为，自吾之外，谁复以此相告？目前纵不必了解，他日有进，当回忆之耳。

郭文举置米掌上，鸟雀来集，顾欢驯虎，此如海客无心，白鸥可狎。南洋归客云："丰草长林之中，初往架屋，异鸟入室，初不避人。比遭枪击，后乃绝迹。"又如"击石拊石，百兽率舞""箫韶九成，凤凰来仪"，皆是感应之理。谈义说理，彼此可以相喻，亦是感应之理。习气同深者，彼此亦能相喻，无明同一厚重故也。唯执习气深者语之以性，则从不知有此事，故不能喻耳。

养需真养，不在言说。孟、荀皆善言养。若今所谓"养生"，乃正"养其小体"耳。

此类文字（指公牍）不须辞藻，但下语当有分寸，方为得体。今人于言语之道多不暇措意，深望贤辈稍异时流。然仆所能帮助者甚微，且亦不可为常。过此益复无能为役，愿留意察之。

大凡校勘原则，阙疑无妨，最忌轻于改字。非有确据，不可以主观推测，不必尽求其当。书经传写摹刻，亦不可能无讹误也。

工友辞去，自任杂役，又萌计较劳逸之念。批云：于提起扫帚时，忽然悟起，便烦恼种子息矣！

问：《慈湖家记》说《论语》"知者乐水，仁者乐山"云"学者往往离动求静，愈求愈远，而不知必能动而后能静"云云。批云：此亦对治之言。实则动静一如，非有二相。明道"动亦定，静亦定"乃为了义。

问：《大学纂疏》第四十九页第一二行引《语录》

似以知行配"涵养须用敬,进学在致知",疑涵养属于未发,尚说不到行。答云:《语录》但云知行须是齐头着力,并非分配二语。看程子下个"须"字、"在"字,便见得每句皆有知行,不须说到已发未发。且如学者闻得"涵养须用敬"一语,了解其义,便是知,不能实地去涵养用敬,便是知而不能行。

札记云:出辞遣言,不必鄙倍乃为无礼,但分际不称,分寸不合,皆于礼为有所未尽。先生改"尽"字为"当"字。批云:尽礼不易,下得"尽"字太轻,故为易之。又云"忠易为礼,诚易为辞",却是用力处。

抄书胸部微痛,自定字数。批云:随分抄则可。已致胸痛为碍,何必再定字数?如此亦失之急迫而少从容之趣,翻成苦事矣。

藜藿太过,亦非中道,致损色身,但不贪味即可。一麻一麦,乃苦行外道,佛在雪山亦悔之,乃所以示教也。

抄先生旧信稿。批云：鄙札无足抄，不如录先儒文字。得间抄书，亦是一适，但勿计较多少。若以多抄自喜，恐犹是习气也。

问：《朱子语类》卷十四有云"自有一般资质好底人，便不须穷理格物"。答云：朱子此言亦说得太快，资质好底亦须穷理致知，但其用力较易耳。

问：程子谈虎色变之喻颇为经验论、唯物论者所借口，奈何？答云：法喻本难齐。实证是自心现量，今所谓经验论、唯物观乃外境攀缘，二者不可同日而语。

问：孔子之告颜子，不曰非礼无思，而但说视听言动，然则颜子之高明，又何以异于常人？答云：四勿是克己复礼之后，随缘管带，若其心则已不违仁矣，故不须说思。未到此田地，亦须在视听言动上致察。只是所谓礼者，尚非自己胸襟流出，然不远而可复。学颜子之所学，亦须从此人。圣人之言彻上彻下，颜子分上如此，学人分上亦合下便可用力，不别有也。

问：朱子以为《东铭》不可与《西铭》同日语，刘蕺山却云"千古而下，埋没却《东铭》，止缘儒者专喜讲大话"。答云：下学上达，只是一事。《东铭》《西铭》虽言有小大，其致一也，朱子、蕺山之言俱不免抑扬太过。蕺山"大话"之目尤有病，不可为训。

问：《语类》卷十四说"知止而后有定"云："必谓'有定'，不谓'能定'，故知是物有定。"说《大学章句》云："知之则志有定向。"两说似有内外之别，如何？答云：当止处即定。知所当止，即名有定。知物是心，离心无有别物，不可苦分内外。

问："天视自我民视，天听自我民听"，国人皆曰贤，何以仍须察之？答云：天即理也。民之视听，指秉彝之性而言，不可以流俗好恶当之，常情好恶往往失其正也。

问：《语类》卷十六有云"人之所以为人，物之所以为物，都是正个性命，保全得个和气"，窃疑物既梏于形气之偏塞，何以亦能正性命、保和气？答云：人是人，物是物，便是各正性命。若非和气，物焉得生？梏与偏塞，乃是向后失却此和气耳。

问：《语类》卷十六有云"'人心惟危，道心惟微'也是天之明命"，危者难安，何以也是天之明命？答云：天之明命只是个理，人心有危的倾向，理上固如此。

问《大学或问》评温公格物之说颇疑过当。答云：《大学》"格物"之"物"字是以理言，非谓物欲。温公扞御外物之说是以欲言，便将"物"字当欲字看了。若离《大学》自为说，亦何害？但以之释《大学》"格物"便失其义。今读《大学》，自当从程子以格物为穷理之义，实下工夫，不必为温公辩护。即疑朱子言有过当，亦且置之，自己实下穷理工夫始得。只如此校量古人异同，于自己分上实无干涉也。

问："躬自厚而薄责于人"是立己、立人之道否？

答云：横渠云："以圣人责己则易尽，以众人望人则易从。""薄责于人"只是无求备之意，不可以言立人之道。"己欲立而立人，己欲达而达人"，道皆在己而不在人，非立己外更有个立人之道。

问：《语类》卷十七有云"大抵有体无用，便不浑全"，有体何故无用？答云："有体无用，便不浑全"，谓体用打成两橛也。此条说敬。以和靖与上蔡校，似和靖尚欠集义工夫。有体无用语，却是另起泛说。平日于此理尽明得，及日用事物间却又差了，便唤作有体无用也。又，此理人人同具，是人皆有是体，而不能率性由道，便是无用也。

问：《语类》卷十七有云"所谓天下之事皆我之所当为者，须是学到那田地，经历磨炼多后方信得过"。范文正以天下为己任，先忧后乐，想已到此地位否？答云：合当为而为，非有所因而为。此条本系答问南轩为己之说，须合下条李贺孙录一段同看，着眼在"无所为"。"才要人知，便是有所为"，此语最精切。忧乐亦在自己分上，合当忧的便忧，合当乐的便乐。范文正是学伊尹而未至者，欠个"乐尧舜之道"在，不免安排，未到无所为地位。

问：《语类》卷十七第十八页第二行"'偘'字旧训宽大。某看经、子所载，或从'小'、或从'才'之不同"，从"小"、从"才"未知何义？答：从"小"、从"才"乃或从"心"，或从"手"之误。《左氏·昭十八年传》"撊然授兵登陴"，服注："撊然，劲忿貌。"此从"手"。《史记·孝文纪》"恫然，念外人之有非"，《集解》引《汉书音义》："憪然，犹介然也。"此从"心"。偘、撊、憪三字互相通假，朱子训作武毅，与《毛传》异，当从朱子说为长。

问《语类》卷十八有云知至"如何要一切知得"。答云：此条引程子"积累多后，脱然有悟处"一语大须着眼，朱子亦自谓看程子此语方理会得。

问：《语类》卷十八有云"只持敬，不时时提撕，亦易昏困"，尝闻心主乎身，而敬为一心之主宰，既须更加提撕，不知又将何物来提撕？答云：所谓"提撕"，只是才见有私意萌，便屏去，正是主宰处，正是此心常存。若放过，便昏却，便是空言持敬。

问《语类》卷十八第十五页后半论"致知""寡欲"一段，答云：程子原语"致知在乎所养，养知莫善于寡欲"，与"涵养须用敬，进学在致知"二语须合参。着重在"养"字，煞有工夫，不可但分疏文字便了。引作"致知""寡欲"，便失其意。此条言养知，不是单言致知，须于"养"字着力体究始得。

问"一幅当"，答云：是尔时方言，"个个有一幅当"，犹言"个个有一分"也。

问《语类》卷十八第卅二页"大故即当"四字，答云："即"字是"郎"字之误，日本刻本作"郎当"，是。"大故"亦是当时方言语助词，犹言甚也。"郎当"犹言累赘。"大故郎当"意谓甚不可抢。古语说"舞袖郎当"，言其袖之拖沓也。

问：委心任运，想是"知止而后有定"，"贫贱不移"三句，想是"定而后能静"云云。答云：不必如是分疏，要在知止上着力。"于止知其所当止"，则安于义理，不为外物所动摇。事变无穷，应之理一而已。

问：不说学由于不能时习，而时习又必勿忘勿助。答云：日日领会得一事，体究得一语，便是时习，只不要放过即得。日有孜孜，悦意自生，不必如此计较，转成劳攘。

问：《语类》卷廿一有云"天地圣人未尝有一息间断"，王介甫《原过》云"天地举有过，卒不累覆载者，善复常也"。答云：天地无心而成化，圣人有心而无为。气有差忒便谓之过，然不害于大化。君子之过常失于厚，虽圣人亦有之，然不亏于性体。王介甫不足以知之。天地圣人即常，不须言复，众人乃须复，复则与天地圣人不异。

求己之念切，则求知之意自不容生起。

朱子"心安处便是和"一语甚精。

札记云：浑然忘贫之境，虽日月之至，犹未敢以自信。批云：见大忘小则至矣。

问："子帅以正，孰敢不正"，语气似欠自然。答云："孰敢不正"语气亦是自然，乃十分肯定之词耳。但读"敢"字不重，便可见，不必以今语揣度。

问：子游、子夏气质工夫均不相同，而其成就同在文学一科。答云：游、夏气质不同，其在孔门虽各有成就，亦是变化未尽，故不能与颜、曾并称。至四科十哲，本是举相从陈蔡者而言，然在七十子中，固极一时之选。

问《语类》卷廿六刘潜夫问"安仁""利仁"之别，朱子答云"安仁者不知有仁，如带之忘腰，履之忘足"。答云：忘腰带之适，忘足履之适，本《庄子》

语。有情无情互换，乃《庄子》言语之妙，只是形容一个无相义耳。安仁则无仁相，忘字上见功夫。自然而忘，非是强忘。

说安贫乐道者不自知其贫，亦不觉有道可乐。答云："不觉有道可乐"打语病。贫而乐者，心无贫相，而实有乐。乐即是道，非别有也。

问："己欲立而立人"云云，比之老安、少怀，犹有转折否？答云：老安、少怀全无己相，故不着一"己"字。

问：《纂疏》"君子喻于义"章引胡氏曰："人之一心，至虚至灵……虽至昏至愚，蔽其本体，随其意之所趋，亦有所通晓。"答云：小人若无虚灵，亦无所喻，若人无足，亦不能走，但彼走入荆棘丛中去耳。

问臧否人物者，往往不免务外徇名，以此夸耀。答云：如好好色，如恶恶臭，岂将以夸耀人者。

问：《语类》卷廿八说漆雕开"于道理已自透彻

耳", 又云"有些小窒碍处", 透彻之后, 何以仍有窒碍? 答云: 如虚空本无窒碍, 忽有云起, 便似窒碍, 向后自见。

问: 无欲则刚, 亦有刚而多欲者否? 答云: 王荆公、张江陵便是刚而多欲。

问: "四时行, 百物生", 想是天地之文章可得而见者; "一阴一阳之谓道"云云, 想是性与天道之微不可得而闻者。答云: 此条所疑全不是。显微无间, 子贡正为于此尚未见得, 故其言打成两橛。

问: 古之狂者志大, 故孟子许其进取; 今之狂者则是野心勃勃, 觊觎富贵。答云: 进取以道言, 非如流俗之求仕进。

问《语类》卷廿九说"穿牛鼻, 络马首, 都是天理", "剪灭蝮虺, 也是他自带得剪灭之理来", "所以说'有物必有则'", 窃疑道法自然, 佛主慈悲, 穿络剪灭之事皆所不为, 岂不较儒家为大? 答云: 此义不然。道家因任自然，服牛乘马，正是因其自然而用之，于牛马无害。虺蝮害人之物，为人除害，乃是慈悲。至天地间何以有此恶类，此正须以佛氏业报之说明之。

问迁怒，答云：见理明则自然中节而不迁，迁是气上事。

问：尝闻先生言贪恋山水亦是欲，此与乐山乐水何别？答云：乐不可着，着则是欲，吾言乃谓贪着。若逢佳山水而欣赏，乃自然之理，非欲也。

问：今世列强嗜利好杀，远过往古，欲其变而至道，岂不大难？答云：不难。若难，孟子何以言"以齐王犹反手"耶？思之。

问：学者才欲收束，便矜持，才矜持，便拘迫，若不经心，又易入于安肆，奈何？答云：矜持、拘迫之病，只是心未入理。入理，则此心本来常存，不须把捉，亦不安肆。程子所谓"不须防检"，岂有安肆之患？学者总以识仁为亟。识仁，即是识得此心之本体，自然趁也趁不去也。

问《语类》卷卅四有云圣人之心，自有个"脱然无所系累"处。答云：系累是私，劫以理，自无系累。

问：颜子不迁怒，《纂疏》引黄氏曰："既怒之后，冰消雾释，是怒不可有余也。""子于是日哭则不歌。"《集注》云："一日之内，余哀未忘，自不能歌，是哀不能无余也。"同为性情之正，而发之久暂不同，何也？答云：理得则气顺，不假安排。

"桓魋其如予何"，《集注》云："必不能违天害己。"疑此所谓己，不指生命而指道义。答云：圣人之命，即道义也。常人所言生命，只是形气之私。

问：孔子尝言"默而识之，学而不厌，诲人不倦，何有于我哉"，语子贡又曰"我学不厌、教不倦也"，默识功夫是否更难？答云：默识之事，与所学、所诲是一。圣人言语须活看，不可泥文字。

问骄吝，答云：骄是气盈，吝是气歉，骄吝互根。

骄者未有不吝，吝者未有不骄，只是执形气之私作祟。无我，则骄吝自消。

问："子畏于匡"章，《集注》云"道之显者谓之文"，《语类》卷卅六有云文"既是道，安得有丧、未丧"，又云"道只有废兴"，文"若丧，便扫地"，各说似不同？答云：道不可丧，文实有丧。文丧则道隐，故圣人重之。

问：志是气上事否？答云：志是理之行乎气中者。

问：先生尝言恕之反面是忮，然则不忮便是恕。孔子之告子贡，既云"可以终身行之"矣，而于子路之终身诵之，又云"何足以臧"，何也？答云：终身诵之，便有自足之意，故圣人更进之。

问：《语类》卷卅七说"何足以臧"云："大凡十分好底事，才自担，便也坏了，所谓'有其善，丧厥善'。"此与直下承当之说未能融会。答云：禅师家有"徐六担板，只见一边"语，故每诉人为"担板汉"。

此与承当不同，承当是实在承当得此事，担板便是只担得言语便跑。

问：《语类》卷卅九论子路之死云："误处不在致死之时，乃在委质之始。但不知夫子既教之以正名，而不深切言其不可仕于卫，何欤？"窃意子路闻过则喜，有闻必行，夫子既虑其不得其死，而于出处大节何无一言指正？答云：由、求之仕，孔子不深责之者，以由、求本有政事之才，虽所事非君，亦欲其救取得一分是一分。至冉有为季氏聚敛，孔子便怒，使小子鸣鼓而攻，此见圣人用心之大，而未尝不严。"若由也，不得其死然"，平时就子路气质观察，恐其不免，然自是阻他不得，此所谓命也。

问：学者来书有"舒畅和乐"之语，先生以为非是，何也？

答云：渠实未至此，或偶有此境，必不可常。观其言颇自喜，故不然之。

问：《集注》引程子说，子路若达为国以礼道理，便是此气象（指曾点）。《语类》卷四十有云"如此看来，终不成才会得让底道理，便与曾点相似"。答云：未检《语类》看。观其"率尔而对"，自与曾点从容气象迥别，礼让出于自然，非可强为也。世间强为礼让者有之矣，诚伪自别，瞒人不得。

敬则自然和乐，人之以敬为拘迫者，只是未尝敬，亦不识敬也。

《记》曰："言而履之，礼也；行而乐之，乐也。"今所言者，皆本心之明也。因其所明，而遂明之，则在乎践履矣。"遂"字，朱子下得甚重，亟须着眼，不可放过。

行不与理相应者，必其理之未明也。

此不必强为，强为即是作伪。但日常读书穷理，当有省发处，自己勘验病痛犹在否，已能得力否，不可一念放倒，如此方切。果能如此，言岂在多？自然精彩不同矣。

敬、静互根，敬则自然虚静，却不可将虚静唤作敬。

闻言而惕，是本心之明，自信无干禄之念，亦是天资美处。然"三年学，不志于谷，不易得也"，"为之难，言之得无切乎？"

初学说经，即有新义，决不可汰然自许，当用疑词，此亦敬肆之办也。

批学者说骄吝章云：此极言骄吝之害耳。其实才美者必无骄吝，今曰"何所持而敢骄吝"，将谓才可持耶？此语有病。

读书须先理会文义，下涵养功夫，始可望有进，发空议论无益。

上达即在下学之中，非别有一事，如此分别未是。今学者所当用力，但问自己是否做得下学功夫，不可以衡量古人为事。

大端不错，但所论尚粗，检点时人病痛者多，而切实自己体究者少，此尚是客气，非真志也。要真实立志，且悉心尽力理会圣贤言语，一一反之自身，密切勘验，当渐能有入，不必多发议论。

论隐者，当观其志，不可徒论其迹。

孔子称逸民，亦致赞叹。贤者避世，亦非活身乱伦，岂可以高士为小人乎？

思亲自是人子之心不容己者，当思致力于学，乃所以事亲成身。若方寸遽乱而致废业，其失等于忘亲，此不可不深省也。

学者呈所为书院记。评云：今书院直寄洎耳，古所未有。即至简陋，亦有屋可栖，他日书院能自建斋舍，乃须作记。吾德业远谢先儒，未能成就得此事。所望贤辈力学，自进于圣贤，将来必可绍述光大，然后垂文于后，其所记乃可观耳。

"敬则自然虚静"，此是指工夫之效验，此虚静是不为物扰之境界。换言之，可说敬则无欲，敬则无适，然不可说无适故敬。

"先难而后获"，言之不可若是其易也。

贵在立志。悲则气消，与前言"何难之有"何不类也？

此是终身以之之事，行之三日便有效，无乃太速乎？

问：朱子云"常人记事忘记，只是有着意之故"，又云要穷理须是着意。答云：前语是教人"勿助"，后语是教人"勿忘"。

问：自审迫急之意多，而优柔之意少，逐文字之意多，求诸心之功少，不知何以治之？答云：治之以涵养致思。

今日且当治经，寻绎义理，勿泛泛务论辩。俗说大可置之不论不议，何预己事？

"生之谓性"与"生之理谓性"，下语天地悬隔。

学者说阳明云：善恶全不在物，而在此心。答云：此是因物付物，正"无有作好，无有作恶"之旨，何云好恶之情邪？好恶之情有正、有不正，循理则得其正，动气则失其正。不穷理，又何以知其得失耶？先儒言语须着实体会，不得草草。

静坐不得法，只是坐驰，不可遂以此为用敬。

"恶根"字不妥，此只是习气，非本然也。

义理明则利心自然退听，不患不能拔除。

一于理，则不知有吉凶。

小人安得无咎？"君子道长，小人道消"乃无咎耳，非谓小人之无咎也。"初六童观"言"小人无咎"者，乃言不足咎耳。

"哀乐相生"，此"生"字显现义，非生起义。

傲本刚恶，傲柔深隐不可见者，亦可说为柔恶。然无虐、无傲正是克，克则刚柔皆德矣。此与九德一般，上字是才，合下便是德。"温""栗"字亦是德，不可说为气质。

助、彻之法，考之《孟子》即足，只是什一之制耳。

税亩之后，又作丘甲，圣人只是恶其取于民无已耳。

学者说为学三途径：一是用博览的方法搜集来的，二是用融化的方法摄取来的，三是由于深切的体究而从内心流露出来的。答云：前二是闻见之知，后一是德性之知。于此方法能知抉择，可望有入。

古人户席必诫，始于武王诸铭。果能本其体验所得，时以自儆，行必践言，方为有益。

能以宁静刚毅自勉，志趣可喜。治事不独在立心正大，亦须周知情伪，方足以尽事之理。如恐不及，庶可免于尤悔，未可轻言自信也。

人类合理之生存生趣，当求之礼乐。

"修道为教"，道外无教；"率性为道"，性外无道。

当否之时，小人道长，君子道消。就卦象言之，自有小人连类而进之象。然《易》为君子谋，不为小人谋，故爻辞皆示君子处否之道。如六二"大人否，亨"，九五"休否，大人吉"，皆特出"大人"，圣人之意可知也。

凡言时俗之失，不宜指斥太过，近于刻核亦非出辞气之道。

批学者言志云："甘受和，白受采，忠信之人，可以学礼"，观其言志，却无出位之思。"言而履之"，斯之谓礼，知此方可治经。

又：务为雕缋之言，遂少义理之味，未能有入。须刊落浮华，乃可与议治经。

凡引书，须备举其名，否则是剿说。袭人之言以为己有，乃心术之害也。

心外无物，事外无理，事虽万殊，不离一理。理具于心，心能应理，心存则理存，然后性情得其正。心不在焉则理隐，泊其性而纵其情者有之。

知寡过之指，知求己之道，知义利之办，可谓知所向矣。由之而不懈，通经致用可期也。

不忍人之心，王政之本也。治《书》《礼》宜求之《孟子》。志孟子之所志，学孟子之所学，可矣。

此免祸为言，则堕计较，非经旨也。（案：此说"明哲保身"。）

行权正贵断制。

行舍者，谓行蕴中舍，简异受蕴。忿欲恶法属受蕴，不得言行舍，若言舍受则得之。

识仁，须是行仁始得。

仁是心之全德，孝悌是行仁之本。《孝经大义》可一寓目。

须是到李先生（案：指延平）静极而有觉处，便知"中"只是形容字，非有一物也。"观喜怒哀乐未发以前气象"，亦只是"涵养用敬"，非别有一法门也。

学者说："吾未见刚者"章，胡氏曰"刚则己大物小，凡天下之可欲者皆不足以动之"，似不如说不以物为可私。答云：刚则物莫能夺，不见可欲，所以为大，大是以气象言。欲则为物所转，以身徇物，不能宰物而制于物，所以为小，凡私者必小也。胡氏"己大物小"虽有语病，下句却甚得当，非与物较量也。

书譬则钥，心譬则锁。置书案头，日事讽诵，譬如钥匙在手，然不与锁发生关系，终无由开。故读书贵能切己体究，方是锁钥合在一处，否则任读多少，终是了无干涉。

命有全以理言者，有兼以气言者，有全以气言者。"死生有命，富贵在天"，全以气言者也。

彻上彻下，便是两端皆竭。凡说理气、性情、阴阳、本末云云，皆是对举。至于一贯道理，则须自悟。

或问无明从何而起。应答之云：即从汝此一问而起。但彼不自体究耳。

读书须是处处反到自己身上来，不反诸己而求诸外，纵有所知，亦非真知而后起之知也。

朱子《补格物传》云："事物之表里精粗无不到，

吾心之全体大用无不明。"两语是自道见处，真所谓"所供是实"。

问：《朱子语类》卷六第廿二页论仁义体用刚柔，两条并列，而语意相反，何也？先生云：不妨两存，盖体用之中又各自分体用也。

子路"不忮不求"，今之论者，往往以忮求之心出之。

穷理、识仁之事，非口说所能了。学者大患在于误认人欲为天理，以不仁为仁，而居之不疑。此时只当多读书，少发议论，多体究，少作诗文。

今人说伦理道德多是当作一种知识，皆是不见性而只从习上说。故其所谓道德伦理可以随时而变，随地而异。

问：《朱子语类》说"致知在格物"，只知致便是物格，故不言欲致其知者先格其物，但下文仍言"物格而后知至"，何也？先生云：致知、格物实是一事。

天下、国、家、身、心皆是物。在物为理，在心为知，心外无物，不可打成两橛。至于"而后"两字，则以语言自有先后。如言"穷理尽性以至于命"，尽心、知性、知天，说来似有先后，实际只是一事。问：修身、齐家、治国、平天下中间之"而后"总须有先后。先生云：此亦就事上说。若就理上说，则君子笃恭而天下平，亦无先后之分。

问："致知""知至"，《四书纂疏》小字云《章句》初作"知之切"，后改为"尽"，《语类》又云"初看作尽，后又觉得切字好"。先生云："尽"字好。两说不同，或是当时因机答问之故。事物之表里精粗无不到，须是尽。

问：程子言"一草一木皆有理，须是察"，而阳明格庭前竹，何以又无所得？先生云：须是反之于心。问：科学家如研究植物者，剖析入微而不见道，得毋未能反之于心乎？曰：然。此如治生理者，虽将人身筋骨脏腑分析无余，而终不见心性，一也。

问"攻乎异端"，先生云：象山说得好，"且先理会个同处，知同自然知异"。此时未能知同，对异端自无从加以料检。

见性非目，闻道非耳。师资解答，朋友讲习，只能做辅助熏习，皆"修道为教"之事。颜子"不违如愚"，贵在"亦足以发"，否则只求言说谈论，终不相干。读书须是存疑，有疑乃能愤悱，思之既久，自然有豁然之时。《中庸》说学、问、思、辨、行而继以"弗措"，措便是忘。"人一己百，人十己千"，却决不是助。勿忘勿助，积久自有变化气质之功，故曰"虽愚必明，虽柔必强"。

孟子云："由仁义行，非行仁义。"行仁义便是着迹。释氏有飞鸟过空之喻，谓之无迹，却能从此至彼，谓之有迹，又将何处寻求。故知是不可说有，不可说无。最爱雪宝语云："雁过长空，影投寒水，雁无遗踪之意，水无留影之心。"太上立德，言与功便不须提及。"有德者必有言，有言者不必有德"，言虽有当，而考之于德，未必实有诸己也。笑春疑立德、立言、立功之"立"字同有病，先生云：此又拘泥文字矣。立德非是有心立与人看，立者，成之谓也。立言、立功，有时却不免私吝心在。问：《近思录》言"为学忌立标准"，立标准是否私吝心？先生云：立定标准，便计功责效，有进锐退速之弊。又问：朱子幼读《孝经》，题其上云"若不如此，便不成人"。文文山少入圣庙，自矢云"没不俎豆其间者，非夫也"。此是立标准否？细思两事亦稍有不同。先生云：大不相同。文山之言是要立功，朱子却是要立德。又云：立标准之意，浅譬之则如今人所谓要做哲学家、要做某某家是也。又问：有学生来信，自云要做文学家，要想进一步做哲学家，似此何如？先生云：教人须循循善诱。自知策励，亦是难得，俟其更进一步，乃可语上。

问：平日无事，此心尚静，一到应事，便不免劳攘。日常事尚可应付，一遇意外，劳攘益甚。此病何在？先生云：泛应曲当，谈何容易。所以不免劳攘者，总是应之有未当处，所谓凶与悔吝者是也。应之得当，自无劳攘留滞之病。又云：不可专从静中涵养，动处亦须是察。如以改卷接物皆是为人，是犹二之也。动静语默，在在都是用功处。答立民信中有云"一念回机"，"一念"二字最要紧。孟子直指人心，故云"乍见孺子"，"乍"字正是一念之起，不容第二念来间杂之。杂念一来，便失当矣。有时自以为回机，而不知其坠入习气中。

"视其所以，观其所由"，是就行上看；"察其所安"，是就德上说。故曰："人焉廋哉，人焉廋哉！"

谈内外交养云：君子庄敬日强，以固其肌肤之会、筋骸之束，此之谓养于外。至于今日所谓练柔术、习太极拳等等，充其类至于好勇斗狠，较之古人射以观德之义，相去远矣。

心缘义理，则杂念、妄念自然退听。不可思前虑后而放过现在，须知现前大有事在。

未到"克己复礼"地位，视、听、言、动犹是非礼。一分私欲未尽，天理便不浑然，故四勿之教，须是颜子方能承当得下。到得颜子地位，仍须致谨于视、听、言、动之间。

问祭，先生云：礼文多不可复，但须存礼意。祭不易数。生日之祭不见于经，行之亦殊无碍。中元之祭，起于小乘经典所载目莲救母，后世因为盂兰盆会。如自己相信得及，心无不安，废之亦可，否则不妨从俗。

心通乎道，虽日谈琐事，莫非义理；不通乎道，虽日谈义理，只是增长习气。

先生问学者："素夷狄行乎夷狄，素患难行乎患难"，如今事在目前，如何行法？或对云：言忠信，行笃敬。环境之所以困人者虽变化万端，而吾之所以应之者要不外此。故曰："造次必于是，颠沛必于是。"先生曰：然。功夫只在忠信笃敬。到得圣人地位，亦只是个忠信笃敬，但此非讲说边事，还须认识自己耳。

寂而常照，寂即是感。寂感同时，性之本体如此。人心所以昏失，皆因散乱。散乱是气上事，敬则自不散乱，自不昏失，所以复其本体之工夫也。

过，有圣人所不免者，《易》云"君子以行过乎恭，丧过乎哀，用过乎俭"是也。孔子之哭颜渊，不自知其有恸，丧过乎哀也。居今丧乱之时，一切撙节，用过乎俭也，此犹小过也。若夫君子以独立不惧，遁世无闷，则又大过也。过而得中，虽过何害？特在学者分上，不可以此借口，自益其过耳。

为学方法，广说无尽。佛家言闻、思、修；《易》言聚、辩、居、行；《中庸》言博学、审问、慎思、明辨、笃行，实皆相当。《论语》亦每以思、学对举，居、行并提，"学而不思""思而不学""居敬行简""居之无倦，行之以忠"，皆是也。聚之、辩之、博学之、审问之，皆闻之事也；居之、慎思之，明辨之，皆思之事也；行之、笃行之，则修之事也。闻也者，当前有个事物在；思也者，当前更无事物在。闻一而知十，举一而反三之谓也。思也者，存之于心；修也者，发之于事也。又如察识、涵养之说，湖南之学主先察识而后涵养，不知涵养愈深斯察识愈精。察识不从涵养得来者，只是绰见大意，不能精密也。居，便是涵养；行，便是察识。

立教须假语言，而了悟须由自己。自己不见，他人不能代见，程子所谓"他人食饱，公得毋馁"者是也。学者有闻须有所通，纵不能闻一知十，亦当闻一知二。举一不能反三，则不复也。讲说本以解黏去缚，不善学者闻而不思，反以自增系缚。不善教者如以生食食人，不加别择，不事调和，固非所宜。食而不化，只益疾苦，消化之事，他人乌能代劳。

"舞干羽于两阶，七旬而有苗格"，"格"字不必是来朝，但格其心，如感格之"格"。心之不格，朝会亦可以伪为。以余观之，圣人盛德所至，凡有血气，莫不尊亲，决是做得到的。此事须是自己信得及。

人生由于气化，其说可信。《朱子语类》中曾道及之。

学者须下功夫，乃有受用。功夫即礼，受用即乐也。

好仁之意多，恶不仁之意少，则其与人也广。

问："为道日损"与程子所谓"减法"，今人得毋亦疑为消极乎？答云："减法"云者，只是闲邪，只是克己。克己则礼自复，闲邪则诚向存，非是别有一个诚可存，别有一个礼可复也。

吾人生于斯时，当思国亡之后何以自处。困极致命，亦不可草草委卸。计唯有守先圣一线不绝之传，以待后之学者，将来犹有解人，乱其庶有息乎！

吾比讲"去矜"，解人殊少。实则一切功业皆因变乱而起，悲悯之不暇，安用矜夸。程子说"伊川犹有任底意思在"，孔子言"天下有道，丘不与易也"，则此意泯然都尽，"大而化之之谓圣"也。吾虽知医，不轻为人处方。尝谓医生不可为，良医治未病，其次治初病，病久而重，治之甚难，幸而愈，不可居功，不幸而不愈，咎当自引。人见病之未形，不知医之为良，医之有功，病者之不幸也。是故"童牛之牿""豮豕之牙"，预为之防，则患消于无形而功不可见矣。夫治心亦犹是耳，是以"克""复"之功，贵能涵养于未发之前，过咎已成，则不可追矣。夫教子亦犹是耳，是故趋向之端，贵能诏示于孩提之时，习气已深，则不可救药矣。夫治天下亦犹是耳，是故乱之未形，贵能预为之所，河决鱼烂，则虽有能者亦无如之何矣。"曲突徙薪无恩泽，焦头烂额为上客"，此世人所共知也。"舜有天下举皋陶，汤有天下举伊尹"。只此一着，便可无为而治。所难者，学不至舜，便不能识皋陶；不至汤，便不能识伊尹。虽使圣哲复生，亦乌从而举之哉？

问性从何产生，答云：有所从来，便有始，有始便有终，性无终始，非从缘生故也。

畏事爱闲，避重就轻，即此便是自私。

学者自述心情急迫劳攘之病，先生言：发动处虽亦当察，但勉强抑捺，终不能绝其根株。往往伏于此，见于彼，没于西，出于东。若能玩味古人言语，有得力处，自无许多劳攘。

对子弟须尽其道教之。至于教之无效，或适得其反，则佛家所谓业报也。

写日记不必逐日排比。王壬秋、李莼客每读书，辄加考据，每作一诗，必予采录，用意便在传世。学者自课，有所感则记之，无所感则已。读书亦如此，乃能有得。

贤辈只是误于学校，应读之书多未致力，及今图之，已苦其晚。非特议大礼，定大计，秉笔修史，不足以语于信今传后，即试作一篇小文字，欲其通篇妥帖，不须点窜，亦不可得。惜哉！

良马见鞭影而行，贤辈只是多窒碍，故不能拨着便转，触着便行耳。

发愿不是立谈间事，须是视之如身心性命之不可顷刻忽忘，念兹在兹，毕生以之。儒者不言来世，佛氏则有乘愿再来之说。昔人有三生雕一佛像者，意谓佛相庄严，使人每一见之，则生敬意，种善根，亦是认为至切至要，乃能如此。贤辈今日已躬大事犹自未了，果有恳切之意，自然另有一番气象也。

爱人心薄，病在阴柔，此老氏之旨也。阴柔则刚大之气不足，遇事不能担当，遂成趋避。《易》云"不移乎世，不成乎名"，言其守坚不可夺，唯刚大乃能之耳。

读书须是求之字里行间，得言外之旨，乃为有益。朱子云："须知三绝韦编者，不是寻行数墨人。"求之文字，只成执着，执着便死，会得意思便活，活而后解用。邵康节不可及，以其长于用《易》也。魏伯阳虽神仙家，亦解用《易》。《易》凡言"君子以"云云，"以"字皆学《易》之道，亟须着眼。

问：性相近，疑是兼理气言。答云：前人言性，如孟子说才，周子说刚柔善恶，固多兼气质，气与理亦是不一不异，问："不一"是有二名故，"不异"是"二之则不是"故？曰：然。

问"色思温"与"喜怒不形于色"。答云：终身不见有喜愠之色，乃是毫无滞留，是自然之效。说喜愠不形于色，则是心中犹有喜愠，失之虚伪。然"色思温"而"听其言也厉"，亦是变化因应，不可拘以一格。

先生尝命言志，对以"读书明理"。先生云：太宽泛，不惬老僧意。复对曰：所欲明者义理之理，所欲读者助明义理之书。先生云：《论语》诸子言志者两章，语皆真切，汝所言，总是临事应付，犹欠真。且说，理作么生明？对曰：读古人书，反躬实践。先生因言：理不在远，而在自心。从书上去求，乃不可得，书籍但能助发此心本具之理耳。古人尽有不读书而悟道者，六祖便不识字。顾吾自己从读书人，亦非教汝不读书，但年逾四十，读书须约之又约，否则已无及矣。适来言志，何不说"穷理尽性"？如此便有骨力，吾便满意。总由自己不肯承当，自己承当不下耳。

着意从容，便是伪。拘迫为敬，岂能久？

问："己所不欲，勿施于人""己欲立而立人，己欲达而达人"，不当以消极、积极论优劣。答云：一带勉强，一出自然，自有不同。但消极、积极之说则非是，消极类狷者之有所不为，积极类狂者之进取，此是气质上事。

性理决定是同然的，见性则略无增损，略无异同。证悟所至，不须言说。一人之气，即是天地之气，充周普遍，略无亏阙。上蔡谓"浩然之气，须是于心无亏欠时识取"，此语是其认识端的，决不相欺，特未至此境者，骤难相信耳。一切形体均可毁灭，欲坏虚空，何从下手？此身可坏，此理不亡。知此则何忧乎患难，何患乎夷狄？俗说致命是分段生死，依吾说，则正命常存，特先儒未如此说耳。

先生曾举唐诗"一日看除目，三年损道心"，说明学者要自拔流俗，并不容易。必须立志坚定，经得起名利引诱，不为所惑，才能不致退转，有真实受用。

先生教学者因事见理，藉有形之事显无形之理。这个无形的理实潜藏在人的自性之中，人人所固有，他人不能取而予之。

先生尝告诫乌以风："汝之病痛，只是一个不肯下人。"

先生答曹子起书，有"以习去习，终去不尽"之说。

先生尝举程明道"吾这里只有减法"一段公案教学者。

乌以风、张立民、王培德等奉侍先生围炉而坐，先生因拨灰见火提示曰：人的性理为习气所埋没，好像炭火常埋没于炉灰里面，拨灰然后火出，破习然后性见。学者须有破习工夫，才能谈得上见性。

有人谓凡有利于人生者始为善。先生曰：合于善者始为生。

先生曰：理、事本来不二，事上有差错，正是由于理有未明，未有理明而不能治事者。世人不求明理，专在事上计较，把理、事打成两橛，此是俗学，与书院教人宗旨不类。又曰：理是无形的，但不是空洞。理须在事上见，不可离事求理，亦不可悖理以治事。高明离事求理，世俗悖理治事，把理、事割裂开，同是错误。

书院学人见报刊有批评书院学术文字，欲写文章与之辩。先生止之曰：学是自己的事，要紧处在阐述吾宗，辩与不辩，无关宏旨，岂可如世人专在文字知解上较量耶？

图书在版编目（CIP）数据

马一浮先生语录类编 / 马一浮著. — 成都：四川文艺出版社，2020.11
（旧书新觉）
ISBN 978-7-5411-5591-8

Ⅰ. ①马… Ⅱ. ①马… Ⅲ. ①治学方法－文集 Ⅳ.①G795-53

中国版本图书馆CIP数据核字（2020）第085423号

MAYIFU XIANSHENG YULU LEIBIAN

马一浮先生语录类编

马一浮　著

出 品 人　张庆宁
责任编辑　赵海海　燕啸波
封面设计　叶　茂
内文设计　史小燕
责任校对　段　敏
责任印制　崔　娜

出版发行　四川文艺出版社（成都市槐树街2号）
网　　址　www.scwys.com
电　　话　028-86259287（发行部）　028-86259303（编辑部）
传　　真　028-86259306

邮购地址　成都市槐树街2号四川文艺出版社邮购部　610031
排　　版　四川最近文化传播有限公司
印　　刷　成都东江印务有限公司
成品尺寸　130mm×185mm　　　开　本　32开
印　　张　9.25　　　　　　　　字　数　120千
版　　次　2020年11月第一版　　印　次　2020年11月第一次印刷
书　　号　ISBN 978-7-5411-5591-8
定　　价　56.00元